書

上原善広
UEHARA Yoshihiro

異形の日本人

387

新潮社

はじめに

私は路地（被差別部落）について書くことが多い。この問題に取り組もうと思った動機は、もともとそれが一人でできる解放運動だと思ったからだ。このことはいくつかの紙面で書いてきたが、もう一つ、ノンフィクションの書き手として、路地というのは真に日本人的な問題なのではないかと思ったのである。

しかし、路地のような問題は日本だけでなく、海外でも同じようにある。カースト制が今も実質的に生きているインドやネパール、ヨーロッパのジプシー（ロマ）などの問題はいずれも一〇〇年以上前からあるのは周知のことだ。

海外を例に出さなくとも、日本でも路地と同じように複雑な問題はたくさんある。障害者、在日外国人から、さらに普遍的には個性的な人に対するさまざまな差別や排除は日常的に見られる。

そのため私は路地と同時進行で各分野におけるマイノリティ、「異端」とされてきた人たちを取り上げてきた。そうした人々の物語や、一種タブーとされてきた出来事の中にこそ、日本人の本質的な何かが隠されていることがあるのではないかと思ったからだ。彼らの本当の声が、テレビなどの大手メディアで報道されることは決してない。それは、彼らの映し出す「本質」が、時に反社会的でもあるからだろう。

民俗学者宮本常一の代表作に『忘れられた日本人』がある。宮本は地方の田舎で昔ながらの生活を営む人々の中にこそ、本当の日本人の姿があるとした。

私はそれとは対極に、路地に住む人やそれと同じように異端とされた人々、タブーとされた出来事を通して、日本人の姿を見つめようと努めてきた。だからこれは宮本と違う意味で、ノンフィクションの書き手である私なりの「忘れられた日本人」ストーリーでもある。

異形の日本人——目次

第一章　異形の系譜――禁忌のターザン姉妹

半裸の姉妹

それは昭和二七年（一九五二）、毎日新聞・朝刊の記事だった。

「一年中裸で〝木登り〟鹿児島にターザン姉妹」というタイトルに続けて、次のようなことが書かれていた。

【鹿児島発】最近鹿児島県下に年中裸で暮らし原始人のような姿態をした姉妹が発見された。この姉妹は鹿児島県A村の山里に住み、身長は姉（一七）が一・一七メートル、妹（一五）が一・二五メートルで、姉妹とも頭が小さく額はほとんどない。両足は割に細く腰とヒザが曲がり、木登りに適している。乳房は十歳ぐらいの発育でおしりが大きく後に突き出て着物を着せても食い破ってしまうという。

言葉は二人にだけ通ずるものがあるほか薩摩弁がわかる程度、妹の方は知能も割に発達している。人の言うことを聞くが、機嫌を損ずると手がつけられない。両親はなく死んだ兄と姉は凶暴性があり、知らぬ人は寄せつけず逃げ回っていたという。


記事はその他にも、「精神薄弱と奇形的な小頭とみられるが、珍しいので今後も研究していきたい」という精神科医によるコメントが付けられ、猿のように構えた少女の写真が付けられていた。

正直いってこの記事をある雑誌の編集部で初めて読んだとき、私はあきれてしまった。五〇年以上前とはいえ、全国紙である毎日新聞がよりによって、このような都市伝説的な記事を掲載していたからだ。その記事を片手に「馬鹿々々しいなあ」と、私は笑いながらつぶやいていた。

この記事を私に紹介した編集者のH氏も、私の顔を見て、苦笑いしながら言った。

「まあ、たしかに馬鹿々々しいですけどね。実際ターザン姉妹なんていなくてもいいんです。でも、こんな姉妹がいたという虚実を追うという、馬鹿々々しい旅行記が読みたいんですよ」

この新聞記事だけで、果たして本当にターザンのような姉妹がいるかどうかはわからないし、またいたとしても、そのようなルポを掲載できるのかどうか。しかし、H氏がそこまで割り切っているならと、私は気軽な気持ちで、このターザン姉妹の記事について検証するという取材を引き受け、鹿児島に飛んだのだった。


日本地図で見る鹿児島は、大きな鎌のように、外海へと突き出すような地形をしている。かつて薩摩と呼ばれていたこの地は、他国からもその閉鎖性から一種独特な存在であった。古来より朝廷に楯突く熊襲《くまそ》や、隼人《はやと》などの南方系民族の棲む地として知られ、日本の中でも特異な歴史をもつことはよく知られている。日本人である私も、鹿児島に行くときはいつも、沖縄とはまた違う一つの「果て」に行くような気持ちになり、軽い高揚を感じる。

この鹿児島にいたという〝ターザン姉妹〟についての情報は、この毎日新聞の記事だけだ。とりあえず、私は記事にある「A村」を実際に訪ねてみることにした。

A村という地名は、市町村合併で消えていて、今は存在していない。現在のA村は、火山灰層と黄色い沃土層からなる小高い山を切り開いてできた土地で、小さな畑や田んぼの中に新興住宅地が造成されている。かつての村の中心付近には川が流れており、川はそのままA市に至り、鹿児島湾にそそがれている。

鹿児島の村

川辺にはうっすらと霧がかかっていた。この川辺にターザン姉妹がいたのだろうかと思い巡らせてみたが、そう思うとなんだか、この川がこの世のものではない情景のように感じられる。早速、唯一の手がかりである新聞記事を片手に、老人がいそうな古い民家を選んでターザン姉妹のことを訊《たず》ねてまわった。

しかし村人たちの反応は、一様に「聞いたことはあるが詳しくは知らない」または「まったく知らない」というものだった。

当初、私はターザン姉妹の存在そのものを疑問に思っていたので、とくに不審には思わなかった。それでも、村の中心を流れる川沿いに歩いては、とぼとぼと聞き込みを続けた。実在していなかったとしても、そんな「いない」という地元の人の証言が必要だと思ったからだ。

そのうち雨も降り出してきた。私は傘をさしながら、正直いってうんざりした気持ちで聞き込みを続けていた。実在しないだろうと思っている事について聞き取りをするくらい、つまらないことはない。雨とともに、山間部に近いこともあって霧もでてきた。ズボンのすそがぐっしょりと濡れる。

偶然通りがかった地元の人に訊ねたり、民家のチャイムを鳴らしたりといったことを、何軒か繰り返した。思ったとおり「そんなものはいない」という証言ばかりが続く。しかし、私は聞き取りを止めなかった。次第に「どうも何かおかしい」と、疑問をもつようになってきたからだ。はじめは「実在しない」という証言を集めるような、一種無駄な気持ちで聞き取りをしていたのだが、どうも地元の人たちの証言が、拒絶にちかい強さをもっていることに気づいたからである。

普通なら「さあ、聞いたことないねえ」で終わるような話が「そんな話は聞いたことも無いし、その記事もいま初めて知った」ときつい調子で言われる。

「知らないです。そんな話は聞いたこともないし、その記事も今はじめて知った」

通りがかりのある老婆は、強い口調の標準語でそう言うと、それ以上なにを訊ねても一言も発してくれなかった。そうした断固とした拒絶に「なぜそんなに拒絶するのだろう」と、かえって疑問をもつようになったのだ。

しかし、もしそれが疑問のとおりだとしても、それはそれで地元の人たちが拒絶しているのにこれ以上訊ねて良いのだろうかという、さらなる疑念が生じる。

何か大きな事件の被疑者でも被害者でもない、ただ怪しい新聞記事に載ったからというだけで、私が自分勝手に訪ね歩いているだけなのだ。もし姉妹が実在したとしても、プライバシーの面から止めた方が良いのではないか。果たしてこのような話を書くことができるのだろうか。こうして雨の中を歩いていると、訊ねて良いものやら悪いものやら、情けない事にだんだん自分でも心細くなってきた。

しかし、とにかくここまで来たからには、確かめずにはいられないのだという信念めいたものだけはあった。それだけを頼りに、とにかく疲れ果てるまで、聞き込みを続けることにした。当初は馬鹿々々しいと思っていたターザン姉妹が、村人が拒絶の反応を示したことで、その存在が現実味をもってきたことに興奮していたのかもしれない。

そうやって何軒目かの家を訪ねたときだった。その民家から出てきたのは四十代くらいの女性だった。彼女が今から五〇年以上前の記事について、知っているわけがない。がっかりしながら私は、これも「拒絶証言」の一つだからと思い、半ば諦《あきら》めながら記事について訊ねてみた。

　すると、その主婦は意外にも「その話は聞いたことあります」と答えたのだった。

「たしか、この下の辺りにあった家だったね。私は直接知らないんだけど、婆ちゃんから『この近くに昔、猿人間がいたんだよ』っていう話を聞いたことがあります」

　地元ではターザン姉妹ではなく、「猿人間」と呼ばれていたのか。しかし、その呼び名のユーモラスさよりも、本当に実在したのだという事実に、取材している当の私が驚いてしまった。

　聞き込みをさらに進めると、やがて同様の話を次々に聞くことができた。話してくれた何人かの地元の人の話を総合してみると、次のようなものであった。

「ずいぶん前でもう覚えていないが、二人いたのは確かだ。新聞にあるように木に登ったりはしていなかったが、冬でも裸で庭先をぶらぶらしていた。普段は玄関先にゆりかごを吊るして、そこに入って遊んでいた。生理がきてもそのままだらだらと血を流したまま歩いていた。本当に、まるで猿のようだった」

　しかし、その「猿姉妹」のいた家の詳しい場所まではなかなか教えてもらえない。

「そこの家族はもうみんな死んで家も残っていない」と話す村人もあった。

しかし、これではっきりとわかった。やはり住民たちの拒絶は「馬鹿々々しい」からではなく、事実に関して話すのを拒絶していたのだ。これは意外に根が深い問題なのかもしれない。

東大の研究と皇室

次に私が向かったのは、新聞にコメントを寄せていた精神科医のところだった。実在しなかった場合、最後の保険のつもりで病院を調べておいたのだ。そのM医師はすでに亡くなっていたが、彼の建てた精神病院はA村の近くにまだ残っていた。問い合わせてみると、病院はまだ診療を続けているという。鹿児島湾を一望できる、その病院を訪ねた。

そこではM医師が生前に記したという、ひとつの小冊子を手に入れることができた。その小冊子にはターザン姉妹について、実際に研究した概要が記されていた。

それによると、先天的な障害をもって生まれた姉妹は、いわゆる先祖がえりした「類人猿姉妹」として遺伝学的に重要な研究材料だと、地元開業医であったM医師に注目された。そして恐らくM医師の縁で、東大の考古人類学研究者が、昭和二三年（一九四八）から二五年（一九五〇）九月末までの約三年間、A村に住み込んで姉妹について共同で調査することになったのだという。

三年間をこのターザン姉妹と共に過ごし、さまざまな調査をおこなった東大のT博士の記録の一部も、この小冊子に残されていた。その報告を要約すると、次のようなことが書かれてあった。

——姉妹の家系は代々にわたって親戚同士での近親婚を繰り返しており、姉妹の父の母と、母の父とは姉弟である。つまり父系の祖母と、母系の祖父は姉弟で、その子供同士が一緒になって、この姉妹が誕生した。姉妹の兄弟には彼女らの他にも、障害者が多く産まれている。もともとこの一族は、数世代にわたって近親婚が続けられていた。

また当時の村人の証言として「日支事変の頃、猿に似た者が数人住んでいた」、「三代前の祖先が妊娠した猿を鉄砲で殺したための崇りである」という風説が、村中に伝わっている。

二人の姉妹には全部で一二人の兄弟姉妹がいるが、それぞれに特徴ある兄弟であった。まず三歳で死亡した長男は、普通の三歳児よりも毛深かった。次男は二一歳で死亡するまで人がくるとピョンピョン飛び回って喜ぶので奇異に見られていた。三男は神経過敏で、多少知能の低い妻をもっている。長女は二一歳で死亡、小頭症だった。四男は夜盲症のために鍼灸師になり、五男は土木作業員として働いている。

この五男以下に、さらに女五人、男一人がいる。この中にターザン姉妹が含まれているのだが、その他の兄弟は健常児として育っている。

姉妹の特徴としては、頭囲は二人とも三六センチで、計測経験上、これは今までで最小の頭囲である。容貌は上顎《あご》が突出し、下顎がほとんどなく、顔は丸く猿に似ている。人類学上、類人猿を思わせる。

形態的特色については、

イ　直立不動

ロ　二足動物歩行調に対応する骨盤

ハ　手の把握力の正確

ニ　眼窩上隆起

などがあり、これらは化石原人にみられる特徴である。

共に動物的習性をもっていて、着物を着せても破いてしまい、裸のままで跳びまわっていた。風邪にかかっても富山の薬で治ってしまうため、医者にかかったことがない。目つきは鋭く、動物的。膝を立てて尻を床につけて座るところや、猫背で一日中頭を肩に摺りつけている様子は、まるで猿を見ているよう。寝るときは二人で抱きついて、ときには喧嘩もする。

音に対して敏感で、知らぬ人がくるとすぐに走り出し、納戸に隠れ、目を閉じて歯をむき出して「キキー」と叫び、あるいは柱によじ登って天井に隠れてしまう。飯は手づかみでかきこみ、食べ物については塩味を好まず、甘い物はなんでも好きで、飴玉などはそのまま飲み込む。

姉妹の言葉は「アア」「ホラ」「ゴーゴー」「ママ」「ウン」「シーシー」など一〇程度。鹿児島弁でそれぞれ「はい」「それは」「水」「飯」「うん」を指し、「シーシー」とはニワトリを追う言葉である。意思は表情などによって家人には通じていた。

姉妹は私の教育により、さらに三〇くらいの言葉を覚えるようになり、やがて互いに意思疎通もできるようになった。

下肢は発達しているが関節が十分に伸びないことから、類人猿というよりも、類原人に近いのではないだろうか——。

ここでいう「類人猿」というのは「猿の仲間」という意味で、ゴリラやオランウータンなどは「大型類人猿」と呼ばれている。一方で「類原人」というのは恐らく原人の仲間という意味で、北京原人やネアンデルタール人など、数百万年前から数万年前にかけて存在した人類の祖先のことだ。

このことから当時の研究者らは、姉妹を猿とかではなく、原人にちかいと考えていたようだ。近親婚などを繰り返した結果、姉妹らの遺伝子が変異し「先祖がえり」を起こしたと考えたのだろう。先祖がえりというのは、生まれつき毛むくじゃらだったり、生まれた時から尻の突起が尻尾のように出ていることを俗にそのようにいうのだが、遺伝の専門家にとって、猿のようなこの姉妹は良い研究テーマだったのだろう。その遺伝子メカニズムと、原人のようになった姉妹の生態研究のため、T博士は三年間も住み込みで研究を続けたのだ。

この報告に続けて、さらにM医師はこう記している。

「類原人姉妹についての私の研究論文は、当時の東京大学人類学教室K教授の薦めにより、月刊誌『I』（昭和二七年）に掲載された。そのときの写真はいわく付きで、のちに、三島市の国立遺伝学研究所に展示されたこの写真を皇太子殿下がごらんになり、血族結婚の恐ろしさをご理解されたらしく、殿下の結婚のお相手に民間から美智子妃殿下を選ばれるきっかけになった」

私はその報告書を読んで驚いてしまった。まさか現在の天皇までが、この姉妹の研究発表を興味深く見聞きしていたとは。その結果、現皇后との結婚を決意したというのは、これだけでは事実かどうか判断できないが、どちらにしても興味深いエピソードである。

そしてM医師によると「東京大学人類遺伝学教室と国立遺伝学研究所の要請もあり、私は姉妹の資料を提供したのだが、人権上の問題もあり、その後の調査は中止することになった（要約）」と記されている。研究者たちや世間から好奇の目で注目されていたターザン姉妹は、障害者の人権保護という観点から、昭和三〇年（一九五五）頃、静かに封印されていたのだ。

生家を見に行く

彼女らの存在を確信した私は、どうしても、彼女らの生まれ育った家を見たいと思った。それが無理なら、せめて墓に手を合わせて帰りたいと思った。親の墓参りもろくにしない自分が、鹿児島までターザン姉妹の墓参りとは、何だか奇妙なことになってきた。数日後、ターザン姉妹の生まれたA家は、今もA村にあることがわかった。村人たちが話すように「家族みんな死に絶えた」のではなく、今もちゃんと生活を営んでいたのだ。さらに新聞記事には「両親とも死んだ」と書かれていたのだが、姉妹が生きている頃、まだ両親は健在であったこともわかった。私のときと同様に村人たちは当時の取材にもプライバシー保護の観点から嘘を言ったのか、それとも記者が間違えたのか。今となってはわからない。

探し訪ねたA家は、周囲の家々と何ら変わらない、平凡な木造の農家であった。平屋の一軒家で大きな庭があり、農具を入れる納屋が庭の隅に置かれている。新聞の写真にある家の庭そのままで、何も変わっていないように見える。別の記録によると、彼女らの名前は姉がチエ（仮名、以下同じ）、そして妹がキエという名であった。

思い切ってその家を直接訪ねてみたが、家の住人は不在であった。ほっとしたような、残念なような、複雑な思いで私が出て行こうとすると、農作業から帰ってきた家の人とばったり出くわしてしまった。

小柄なおじいさんで、クワを持って立っていた。にこにこと笑いながらじっとこちらを見るので、私はつい「この辺りに熊襲の穴が残っていると聞いたのですが、知りませんか」と口にしてしまった。裏山にそのような言い伝えのある穴と神社があることをふいに思い出したからだ。

おじいさんはにこにこしながら、無言でひょっこり首をかしげると、こいこいと手招きして向いの家に私を連れて行ってくれた。その隣家のご主人は「熊襲の穴なんて知らないなあ」と言いながらも、神社の場所などを丁寧に教えてくれたが、おじいさんはにこにこしたまま、地べたにちょこんと三角座りして、私と隣の家のご主人とのやり取りをただ聞くだけで一言も話さなかった。話せないのだろうかと思ったが、それを訊ねることはできなかった。

さらに周囲の人たちに話を聞こうかとも思ったのだが、五〇年以上前とはいえ、猿のような障害者として紹介された姉妹ということもあり、私はそれ以上の訪問を差し控えることにした。

ヒューマン・インタレストという立場からとても興味深いテーマであり、またM医師の「姉妹の家は、村の中でも孤立していた」という記述から、歴史的に被差別の系譜をもつ家の可能性も考えられたが、M医師と同様、人権上の配慮から、それ以上の取材を断念せざるを得なかった。話したがらなかった村人たちの感情についても考慮した結果である。この物語の経緯を雑誌に発表した後、「もっと詳しく知っている」という地元の方から電話もいただいたが、この人とも途中から連絡が取れなくなってしまった。

しかし、当初は件《くだん》の新聞記事自体をまったく馬鹿にしていたのだから、彼女らがここの庭で遊んでいたのだという事実を知っただけでも、私は満足であった。

侏儒どんと姉妹の墓

そもそも鹿児島には、こうした異形の人たちに対して大らかに接してきた風土があったようだ。

かつてこの地に「侏儒どん」と親しみをこめて呼ばれた地頭が江戸時代に存在したのだが、彼は小人症であった。本名を徳田太兵衛というこの人は、初代薩摩藩主である島津家久、そして二代目光久に仕えた。地元民からも尊敬されていたため、地頭に取り立てられたといわれている。彼の愛称である「侏儒どん」の侏儒というのは、小人の意味がある。つまり侏儒どんというのは「小人さん」というくらいの意味である。頭の回転が早く頓知に長けていたことから、お上にきちんと意見できて、ユーモラスで楽しい人だったと伝えられ、祝いの日に餅をのどに詰まらせて死んだという逸話が語り継がれている。今でも地元で人気があり、彼の石像が、姉妹が生まれ育った村からも近い霧島市日当山《ひなたやま》の川辺に建てられている。小人症らしく、等身大というのに小さな石像であるこうした江戸初期に実在した障害者が、今でも地元から親しまれているのは珍しい。

これもターザン姉妹を生んだ鹿児島の、大らかな風土を象徴するものだろう。

帰りぎわ、調べておいた姉妹の墓に参ることにした。数年前に新しく建て直したらしい御影石には、「A家代々の墓」と彫られてあり、その横に立てかけてある墓碑銘には「チエ　昭和三〇年」「キエ　昭和四一年」と彫られていた。

新聞掲載の年から逆算して、姉チエは二〇歳、妹キエは姉よりも長生きし、二九歳で亡くなっていたことだけがわかる。

墓のある小さな丘からは、A家一族の家々が見下ろせた。

姉妹との邂逅

それから数日後、東京に戻っていた私は、件の雑誌編集者H氏から連絡をもらった。

「あのターザン姉妹の映像が残ってましたよ。古いニュース映画を集めたところで見ることができますから、一緒に行ってみませんか」

日を合わせて、その映像を保管してある資料館にその編集者と出向いた。

ニュース映画とは、まだテレビが一般化していなかった時代、映画館で本編上映前に流していたニュース映像のことで、そこに彼女らが映っていたのだ。はからずもこの東京で彼女らと会うことができるというのはとても嬉しいことであったが、これもまた妙な気分であった。

映像には「鹿児島の女ターザン」というタイトルが付けられていた。昭和二七年（一九五二）当時のA村の風景が流されたが、驚くほど現在と変わっていない。その後、姉妹の映像が映し出された。

資料にあった東大の教授らしき人が、彼女らの頭部サイズをメジャーで測ったり、運動能力を測定しているシーンが次々とでてきた。顔つきには、先天的障害者に特有の面影があったが、ターザン姉妹というほど「猿」のようには見えない。

専門家から見れば違いがあるのかもしれないが、時々町で見かける、知的障害児という印象だ。「ターザン姉妹」というユーモラスな新聞記事のタイトルが、私にはなんだか空しく感じられた。

映像を見ながら私は、村人から聞いた話を思い出していた。

「村の子どもたちも、苛《いじ》めたりとかはしなくてね。みんな面白がって、一緒になって姉妹と遊んでましたよ」

そんな話のとおり、映像の中の姉妹は、何の屈託もなく、モノクロの画面いっぱいに飛び跳ねているのだった。

第二章　封印された漫画――平田弘史『血だるま剣法』事件

封印された漫画

「世の中はいろいろあって、こちらが良いと思って描いたことでも、逆の意味にとられることもあるんだな」

劇画作家の平田《ひらた》弘史《ひろし》は、自らの劇画『血だるま剣法』が問題にされたとき、そう思ったという。今から五〇年ほど前、昭和三七年（一九六二）のことだ。

路地（被差別部落）について描いたために、封印された漫画が存在し、それが最近になって復刊されたという話を聞いた私は、以前からそうした封じられた作品について興味があったこともあり、その封印された漫画の作者である平田弘史に話を聞くために逗《ず》子《し》の山の中、広大な樹林に囲まれた彼の自宅を訪ねたのだった。

春だったこともあり、花粉症をもっている平田は、口につけるマスクを鼻だけにつけて、にこにこと笑いながら現れた。白髪の混じる長髪をうしろにしばり、作務衣《さむえ》を着たその姿は、自身の劇画に出てくる侍《さむらい》のようだ。しかし鼻だけにつけたマスクが笑いをさそい、大御所の劇画作家というよりは「近所のひょうきんなおっちゃん」のように見えた。


平田がもともと劇画を描くようになったのは、生活に困ってのことだった。奈良県に生まれ、極貧のうちに父を亡くした平田は、六人兄弟の長男として、一七歳にして一家を支えていく必要に迫られた。

さまざまな職についた後、もって生まれた絵の才能を活かし、平田は二一歳にして劇画作家となる。当時は貸本が全盛期を迎えており、後に『ゴルゴ13』で一世を風靡《ふうび》するさいとうたかをなども貸本作家として活躍していた。まだ漫画本が高価で買うことができない子ども達が多かった時代のことで、描いている作家のほとんども極貧のうちにあった。平田も当初は、水道工事の仕事を兼ねながら描いている。

そんな頃、劇画『血だるま剣法』を描いたのは、平田が二四歳のときだった。後に問題となるこの本のあらすじは、次のようなものだ。

――路地に生まれた主人公・猪子幻之助は、剣で身を立て部落差別からの解放を夢見ていた。しかし、唯一の理解者であった師匠の差別的な裏切りに、夢も希望も潰《つぶ》された幻之助は復讐の鬼と化す。かつての剣友たちとの壮絶な切りあいの末、手と足が切断された幻之助だったが、不屈の精神でそれを乗り越え、やがてはダルマの姿をした悪鬼となる。そして彼を蔑《さげす》んだ人々を、幻之助はさまざまな方法で一人ずつ殺していく――

被差別を描く

その壮絶な描写に、当時はいわゆる「悪書」として取り扱われたが、一部で絶大な支持を得た作品でもあった。平田は執筆当時を回想してこう語る。

「両親が天理教だったこともあって、差別とかそういうのにはもともと関心があったんだ。被差別部落については、小学校のときに友達が『あの学校（近くの別の小学校）にはヨツがおるからなあ』と言ってるのを聞いたくらいかな。『ヨツて何や』『なんや平田、知らんのか』って、それで教えてもらったけど、部落というのが何かわからんかった。それからずっとわからんまま、気にはなってたんだ。それから一〇年以上たったある日、天理図書館で被差別部落の本を読んでびっくりしたんだよ。こんな理不尽な差別が今もまだあるのかって。それで熱くなって、一気に描き上げたんだ。自分が猪子幻之助だったらこう思うだろうな、やられたらこう仕返すだろうなって思いながら必死に描いた。周囲による差別、そんな孤独の中で、唯一信頼していた師匠に差別され裏切られたら、自殺してしまう人もいるだろう。だけど死んでなるものか、という憤気。私が幻之助なら、首一つ目玉一つになってもおのれらと戦ってやるッ。そんな思いを、そのまま描いたんだ。私はいつも、主人公の気持ちになって描くからね」

『血だるま剣法』を実際に何度か読んでみたが、いったいこれのどこが問題となるのか、二一世紀の現在では、理解に苦しむところだ。

確かに路地に対する偏見や、間違った歴史の説明がされている。しかしその点について指摘し、話し合って訂正すれば済むことである。かえって路地の民の無念さと、差別の酷さがよく表現されている劇画だと私は思った。

『血だるま剣法』が世に出る四年前の昭和三三年（一九五八）、後にハードボイルド作家となる大藪《おおやぶ》春彦は『野獣死すべし』で鮮烈なデビューを果たしていた。大藪は、群がる学生たちを、大学の講堂から銃で皆殺しにすることを小説の主人公に夢想させている。

それから一〇年後の昭和四三年（一九六八）には、中卒で青森の田舎から都会に出てきた永山則夫が、ピストルを手に東京などで無差別殺人を繰り返す事件が発生する。『血だるま剣法』を含めた初期の平田劇画の傑作は、この間に描かれている。暗く、激しい時代だ。学生運動の全盛期である。

しかし家族を養うため、大学どころか中学さえも満足に行けなかった平田と、同じような境遇にあった多数の読者にとって、大学紛争など自分にとって関係ないことだった。後に殺人鬼として騒がれることになる永山則夫も、よく似た境遇で育っている。「安保闘争から疎外された少年労働者の読者を身近に置い」たのが、当時の劇画を取り巻く状況だった（『劇画の思想』太平出版社）。六〇年、七〇年安保の学生運動についてどう思うか、平田に訊ねたことがあるのだが、彼は即「あんなのはジャリのお遊びだッ」と断じた。私はその断固とした物言いに、かえって平田の暗く陰鬱な青春を垣間見るような思いがした。

その頃の平田は、六人家族を養うべく、ケント紙に自らの鬱屈《うっくつ》をぶつけていた。それは後に永山則夫が手に取ったピストルを、ペンに代えるようなものであった。それが「残酷すぎる」として世の不評をかった、平田劇画の真髄である。そのため彼の初期作品は徹底的に過激で、暗く、そして残酷にできている。

そうした意味で、平田劇画は難解である。「政治の季節」を横目に見ての平田青年の情念は、〝激烈で残酷な描写〟により巧みにデコレーションされてしまっている。つまり初期の平田劇画は、そうした生活苦と青春の鬱屈を共有する者でないと決して真実を見ることのできない、トロンプ・ルイユ（だまし絵）のようなものであった。

だからこそ平田劇画は、同じ境遇にある一部の若い読者から熱烈に支持され、同時に大人たちからは悪書扱いされた。平田劇画はまさに、学生運動からも疎外された、貧しく厳しい現実を生きる者たちだけが共有し合える〝解放区〟だったのである。

解放同盟の糾弾と改作

この作品について、部落解放同盟が問題視した要点は次の三点だった。

一、部落の起源が科学的歴史観に反した偏見で書かれている

二、部落民が復讐のためなら手段を選ばない残酷な人々として描かれている
三、主人公を最後に死なせ、みんなでその死を喜ぶなど、部落民が死に絶えればいいという考え方を読者に与えている。

こうした解放同盟からの抗議に、版元である「日の丸文庫」山田秀二社長は当初、「文句があるならそっちからくるのがすじ」と返答した。それならと大阪府連の同盟員たち五人は、昭和三七年（一九六二）七月一九日、大阪にあった日の丸文庫へ抗議に出向く。同盟員たちはそれぞれ棍棒などを手にとり、トラックの荷台に乗ってやってきたという。

これに驚いた山田社長は、慌てて作者の平田を呼び出した。そして当時大阪府連のリーダーであった松田喜一の自宅へ、日の丸文庫専務も入れた三人で出向くことになる。

「当時は本当にね、すごく貧乏だった。劇画を描いていたのは一家六人を支えるためで、実は描きたいと思って描いたことは一度もなかったんだ。稿料が入ってもすぐ生活費に消えていくしね。だから日の丸の社長から連絡を受けた時も、当時住んでいた奈良の天理から、大阪の浪速までの電車賃すらなかった。それで隣のおばちゃんに事情を話してお金を借りてね。糾弾からの帰りの電車賃は、日の丸の社長に借りて帰ったんだよ。あ

れには本当に参ったよ」

隣近所の主婦に電車賃を借りて自らの糾弾会に出向いたのは、糾弾の歴史上、恐らく平田が最初で最後だろう。

「なんかその松田さんという人は、銭湯の二階にいたんだよ。ちょっとびっくりしたね。奥にその人が座っていて、その後ろにズラーっと脱衣箱が積んであったのをよく覚えているよ。松田さんの応対はすごく落ち着いていて紳士的だったけど、そこにいた他の五、六人のメンバーはみんなガラが悪くて、ヤクザみたいに見えたなあ。自民党や社会党がどうのとか言ってて『差別行政に殴りこみをかけろ』ってすごい剣幕だった。私は『はあ、はあ』とただ聞いていていたんだよ」

しかし、当の解放同盟のメンバーも「こんな若い奴が描いていたのか」と驚いていた。これら血気盛んな大阪府連のメンバーが、のちに解放同盟をリードしていくことになる。「銭湯の二階」というのは、松田が西成にある銭湯の二階で暮らしていたことによる。

奥にどんと座っていた松田喜一は、最後にこう言った。

「平田さん、ペンをもつということは人を傷つけることがあるんやから、よう気ィつけなはれや」

この言葉には平田も「なるほど、まったくその通りだ」と、感心したという。それから当時はまだ盛んだった皮工場などを松田の案内で見学し、平田は奈良に戻った。

その後、解放同盟の要望で改作版を出すことになる。平田は、解放新聞の主筆だという人物を紹介され、その主筆が原作を書くことを了承する。「商業誌なので、売れることも考えて書いてほしい」と、平田と山田社長は一つだけ要望を出しておいた。

ところが、できあがった原作はとても劇画にできるような代物《しろもの》ではなかった。団体機関紙の主筆といっても、漫画原作では素人《しろうと》なのだから当たり前なのだが、平田は「これではまるでメチャクチャだ」と、思わず口に出して言ってしまったという。

「なんやと、俺は解放新聞の主筆やぞッ」

「解放新聞の主筆といっても、あなたは劇画の原作は素人でしょう。初めてではとても無理ですよ」

「それはそやけど。劇画いうのはそういうもんか」

「そういうものですよ」

この解放新聞の主筆を名乗る人物は、どうも劇画を見下していたようである。もう一度書き直してくることになったが、結局、話はそれきりになった。糾弾の場は合計で三回もたれたが、平田と解放同盟の接点はそれきりになる。『血だるま剣法』だけが、暗黙の了解のうちに闇に葬《ほうむ》られることになる。

休筆の果てに

しばらく劇画を描くのを止めていた平田は、半年ほどして日の丸文庫の山田社長と会う。そのとき社長から「向こうとは金で解決したよ。これでもう問題ないから、描くのを再開しよう」と告げられる。このため、この事件は一部では「日の丸の社長が金で解決した」と言われていたのだが、社長が払ったのは、未発表となってしまった原作料のことであった。解放同盟の関係者は、こう語る。

「当時の大阪府連には、平田さんに対して宗教論争や芸術論争をできる人はいなかった。部落を暗く、残虐に描いているからこの漫画はけしからん、文句言っておこうという程度の糾弾だったと思う。大阪の解放同盟といっても、一九六二年当時は組織としてとても弱かった。それに当時はまだ共産党と一緒にやっていたから、糾弾についてもそんなに力を入れてなかったはずだ。差別事件をモグラ叩きするよりも、社会変革・革命こそが部落差別を無くすのだという方針だったからね。そこから分裂する前だったから、解放同盟としてもそう重要視した糾弾ではなかったと思う。原作料に関しては初耳だけど、当時の状況から考えて、金で解決したとは考えにくい」

貸本の原作料は微々《びび》たるものだというから、とにかく山田社長としてはこれで手を打てればという願いからの未掲載原作料だったようだ。メチャクチャな原作を書いて宙に浮いていた解放新聞の主筆も矛先を収めることができて、内心は安堵《あんど》したかもしれない。

しかし、自らの作品に対して、根底から覆されるような抗議を受けた作家の落ち込み様は尋常ではない。数ヶ月ものあいだ呻吟《しんぎん》し、もがき苦しんだ。しかし平田はそれについて多くを語りたがらない。

「とにかく、糾弾を受けてから半年間は何も描いてないから、まず食えなくなった。方々で借金して生活していた。ただそこで思ったのは、ここで怖がっていては何も描けなくなる。こちらが良かれと思って描いたことが抗議されたのはつらいけど、差別しようと思って描いたわけじゃない。だから良いと思ったことは、これからもちゃんと描こうと思ったんだ。それで抗議を受けてもしょうがないと思った。私だって完全じゃないから、また抗議があったら素直に謝るしかないと思って、それでようやくまた描き始めたんだ」

生活がかかっていたこともあり、これ以上落ち込んでいるわけにはいかなかった。平田は細々とだが、創作活動を再開する。

「同じ一九六二年に灰谷健次郎が糾弾されているんだが、彼はそれから教職を辞し、放浪と苦悩の果てに『兎の眼』や『太陽の子』を物にしている。平田と灰谷の違いはそこにある。平田は自らの差別問題から逃げたと言われても仕方ない」

この糾弾事件を知る解放同盟の周囲では、そうした論調がいまも一般的になっているという。

しかし、教師から人権派と呼ばれる作家へと華麗な転身を遂げた灰谷と、一家を支えるために劇画を描いていた平田とでは、環境はもちろん作風もまるで違う。皆がみな、教師という安定した職を辞して好き勝手に沖縄やアジアを放浪し、帰国してから影響力のある有名作家になれるわけではない。一七歳にして一家六人を養わなくてはならなかった平田にそこまで要求するのは、あまりにも酷《こく》である。

もちろん、路地について「近親相姦から奇形児が生まれた」などと書いた平田にも無知からくる誤解があったのは否めない。こうした偏見は一般にもよく聞くのだが、実は身分ごとに結婚していた江戸時代でも他藩の路地同士で養子縁組をしていたため、同族婚は珍しい事例であった。事実、江戸に住み関八州の穢多頭をつとめていた浅草弾左衛門は代々世襲制だったのだが、歴代の弾左衛門の中には、兵庫や広島の路地から養子に貰われてきた者たちのいることがわかっている。明治から戦後しばらくまではそうした以前からの部落同士の交流で養子縁組をしていたが、その後は一般地区出身者との結婚が進んでいる。

差別は悪くない

しかし、そうした誤解を糾弾した側も、平田劇画に対する理解力と想像力が欠如していた。平田は言う。

「あれからいろいろと考えたんだけど、差別は悪くないって思うんだ。差別は絶対になくならないよ。だけどね、差別に上下の区別をつけるから悪いんだ。優劣をつけるからよくないんだよ。差別に優劣をつけるのは人間だ。だからやっぱり、一人一人の意識改革が必要だと思う。人に頼るのではなく、自分で自分の道を切り拓くんだ。差別されて自殺してしまう奴もいるだろう、だけど俺は違うッてね。

なぜ人は生きるのか、それを俺はトコトン追究してやるッ。それが私のテーマなの。『血だるま剣法』にしてもね、『俺（幻之助）は奮起した結果こんなことになってしまったけど、お前たちはどうするんだ。やられっぱなしじゃなく、どうか頑張ってくれッ』というメッセージをこめたんだ。『首一つ、目玉一つになっても差別にくじけるな、俺も頑張るからッ』とね」

平田が描く全ての劇画には、何らかのメッセージが必ずこめられている。それが理解できないと、特に初期の平田劇画はただの〝残酷物語〟になってしまう。そんな双方の哀しい誤解が、この事件の発端になったといえよう。

『血だるま剣法』復刊の話はその後も再三あった。しかし平田はそれを断り続けた。

「もうヤメテーッて思ったよ。だってまた食えなくなるからね」

それにしても、糾弾を受けて半年食えなくなったこともさることながら、部落差別に対する義憤にかられ情熱を込めて描いた作品が、反対に「差別者」として抗議を受けたのだ。その痛手は、生活と共に、劇画作家としての根底を揺るがしかねない苦い思い出だったことだろう。平田は、『血だるま剣法』の復刊について、頑なに拒み続けた。

それを三年かけて説得し、復刊にこぎつけたのは、青林工藝舎の浅川満寛だった。

「この作品をずっと封印しておくのは、部落問題を考える上でも、平田さんという作家にとっても良くないことだと思ったのです。それで復刊を決め、平田さんを説得したんです。平田さんの過去の作品については、これからも復刊していく予定です」

それ以後は意欲的に作品を発表しており、七二歳になる平田は今や、劇画界の第一人者として知られている。

しかし、平田には偉ぶったところがほとんどない。初めて会ったとき、鼻にだけマスクをして現れた朗らかな人柄ゆえに、若手からとても慕われている。例えば達筆な平田はいろいろな人から書を頼まれるのだが、特に大友克洋の出世作である『ＡＫＩＲＡ』の題字は、平田の筆によるものだ。

復刊された平田の劇画本は、いまも私の書棚に入っている。開いてみると、ほとんどが伏字だらけの異様な劇画である。それは今から四〇年以上前に、人と人とが誤解し傷つけあった、哀しい傷跡のようでもある。人の心の傷は時間が解決してくれることもあるが、漫画につけられた傷跡は、今も癒《い》えることがなくそのままにある。

第三章　溝口のやり——最後の無頼派アスリート

アジア記録をもつ男

「投げるときリラックスなんかせえへんよ。そんなんしたら投げられへんやんけ」

そう語る男の言葉はそのまま、彼の生き方をも現していた。

恐ろしく無愛想で口下手。すべてを一言でいい表わしてしまう。そのため、全盛期においてもマスコミ、陸上界から忌避され、そして誤解され続けた。その象徴が「リラックスなんかせえへんよ」という言葉だった。

溝口和洋《みぞぐちかずひろ》。現やり投げアジア・日本記録保持者。オリンピック出場二回。日本人として初めて国際グランプリを転戦し、一九八九年度は総合二位となる。自己最高記録は八七メートル六〇。それは当時の世界記録に、あと六センチと迫る大記録だった。それから二〇年以上たった今日でも、溝口のこの記録は破られていない。

「どうしたらそんなにやりが飛ぶのか」

テレビCM三本に出演し、特集番組も組まれた全盛の時代、そう質問するマスコミに溝口は決まってこう答えていた。

「簡単です。力だけで投げるんです」

「でも力だけじゃ、飛ばないでしょう。リラックスしたりとか」

ここから冒頭の言葉が、溝口から発せられる。

「説明すると長なるから」

溝口はそう、当時の心境を説明する。

「ほんまにな、一般的にいうリラックスなんか必要ない。ほんまのリラックスちゅうのは有り余る力がある中で、力の入ってる状態をいうんや」

そう言うと溝口はぐっと握ったこぶしを曲げ、さらに言葉を継いだ。

「一五〇キロのバーベルをただ手に持って下げてても、俺の手首はこうして曲がったまま。普段からこうしてトレーニングしてるから、力抜いてるつもりでも自然とこうなる。これが俺の言う、リラックス。ただ力抜いてブラブラしとるんと違う。例えばロック・

クライマーが岩に手をかけて片手でぶら下がってるとき、完全に力抜いてるわけじゃないやろ。指先にはすごく集中して力こもってる。そういう感じ。だから俺はいつも、『一般的にいうリラックスなんかせえへん』ていう意味で言うてたんや。力だけで投げる言うんもそう。外人との差はなんやと。それはパワー、力や。だったらそれをつけたらええだけやんけ」

まさに正論である。

「素人は力投げしよるやろ。えいーっとか言うて上半身だけで投げる。そしたら指導者がそれじゃあかんとかエラソーに言うてフォーム直しよるけど、ホンマはそのままでええんや。やり持ってる手ぇブラブラさせて何がリラックスじゃ。そんなことしとるから、いつまでたっても進歩がない。物を投げる競技は全部、力が一番大事なんや」

「末端が最も重要」というのも、溝口独自の理論だ。彼は時折、取材に来た記者にもそう告げているのだが、その重要さに気づいた記者は皆無だった。

無理もない。なにしろ一般の多くの指導者は〝大きな筋肉を使おう〟と指導していたからだ。そして末端の筋肉はできるだけ「リラックス」させる。これが当時も現在も、最も一般的な陸上界のトレーニング理論だ。

それを真っ向から否定する考えに、陸上界は沈黙した。そうでもしないと、今まで指導していたトレーニング法はいったい何だったんだとなる。さまざまな陸上の専門トレーニングを掲載している専門誌でさえ、「溝口は末端を重視している」と小さな文字で、しかもそれを写真のキャプション（説明）として記してあるだけだ。

日本人は力が足りないのだから、全ての練習は筋力トレーニングにあると溝口は考えた。だからそれで筋力をつけるのはもちろんだが、それだけではない。ウェイト・トレーニングの本当の目的は、神経回路を意識し、それらをつなげることにある。

それが溝口の考える「神経回路理論」だ。

例えば背筋の代表的トレーニング種目にデッドリフトがある。床に置いた重いバーベルを膝まで挙げるというシンプルなトレーニングだが、これが彼にとっては背筋はもちろん、手、肩、脚、足の指先と全身運動に化けてしまう。

「背筋とか、大きな筋肉なんかは意識せんでも放っといたらつく。一番大事なんは末端や。デッドリフトにしても、大事なんは握ってる手と足先。だから手首にストラップとか巻いてやるのは意味がない。末端を意識して鍛えるんや。そうすると、全身の神経回路も発達する。そうして初めて、スポーツに応用できる筋力ができる。ただ挙げるだけでよかったら、俺はベンチプレスでも二〇〇キロ以上は挙げれるけど、末端や他の神経回路を意識しながら挙げんと、意味ないいんや（溝口のベンチプレス・マックスは一九七・五キロ）」

あるテレビ番組で、手のない障害者が足を使って目玉焼きを焼いている映像を見たときはショックだったと言う。人間はここまでできるのかと、彼はそんなことにも挑戦している。

「なんでそんなことしたんか。足を手のように使えるくらい神経回路を発達させたら、すごい動きができるから。そやけどやっぱり無理やとあきらめたけどな。けど、それくらい神経回路を発達させなあかんと思った」

奇抜な思考と奇異な投擲術

一九八〇年代後半の陸上界を席巻した溝口だが、その投擲《とうてき》技術もまた、革新的であった。

やりは砲丸、円盤、ハンマー投げという投擲種目の中で一番軽い物体だ。男子の場合比較的軽い円盤で二キロなのだが、やりはその半分の一キロ以下、たった八〇〇グラムしかない（長さは二メートル六〇〜七〇センチ）。普通の人なら「こんなものか」と思う程度の重さだが、初めての人だと三〇メートルも投げられない。

しかしやりを本当の意味で全力で投げるには、相当の重量がかかるのだという。

「そら、たった八〇〇グラムでもわしが投げるときは引っかかる。つまり投げる瞬間、あんまり重いからやりが後ろに残るほどなんや。それを爆発的な力で前に出すから、いつ肩外れてもおかしくない。野球のボール投げるのとは違う」

やり投げという競技を根本から見直し、そこから必要なトレーニングを一から再構築していく。溝口の基本コンセプトは実にシンプルだ。

例えば、やり投げという競技の目的は「やりを誰よりも遠くに投げること」だ。だったら遠くに飛ばすにはどうしたらいいのか、そこから溝口の思考は始まる。そのため、既存の技術や練習方法などは一つ一つ、検討し直した。

「まず、わしの場合は身体が小さいから（身長一八〇センチ）、スピードを活かさなあかんと思った。そのために、助走とクロスは根本的に変えた」

やりを投げるとき、一般的には二〇メートルほど助走する。その助走の後半にクロス・ステップというやり投げ独特の動作を行う。

助走時は、やりを肩の上で担ぐようにして構えるのだが、投げるためには、やりを後ろに引かなくてはならない。やりは二メートル以上あるから、これを後ろに引いて構えると、どうしても身体は右後ろに向いて半身の状態になる。この状態で右足が前に行くと、左足とクロスしたような状態になる。

これがやり投げにしかない「クロス・ステップ」と呼ばれる準備動作だ。溝口はこのクロスを五歩してから投げる。

通常ではこのとき、ほとんどの選手が軽く跳ぶようにクロスする。クロスの途中で跳ばなくても、ほぼ全ての選手が、最後のクロスではピョンと跳ぶようにしてタイミングをとり、着地時の反動を利用してやりを投げようとする。これがクロス「ステップ」と呼ばれる所以《ゆえん》だ。やり投げが最も華麗に躍動的に、観る者に映る局面でもある。

だが、溝口は違う。

「周りからはえらい馬鹿にされた」と本人も語っている通り、溝口のクロスはとにかく腰が低い。途中でステップしないし、最後も跳ばない。いわば、ガニ股気味にダダダッとそのまま突っ走るようなクロスをする。巨大な蟹《かに》が全力で走っているようにも見える。

これは傍から見ると、極めて奇異なフォームだ。今こうして手元にある彼の投擲フォームの連続写真を見ると、非常にダイナミックではあるが、どちらかといえば下品な感じがしないでもない。

しかし、この走り抜けるようなクロスは、世界でも溝口だけのフォームであった。

「なんでこんなこと考えたかいうと、ようは助走スピードを殺したないから。高く跳ぶとスピードが落ちる」

そして助走時は猫背。これも周囲からは「姿勢が悪い」と嫌われた。

しかし、スタート時の猫背姿勢は、元一〇〇メートル世界記録保持者で二〇〇〇年シドニー五輪金メダリストのモーリス・グリーンが後に採用している。溝口はすでに八〇年代の段階でこれを実践していた。足を前方で回転させようとすれば、自然に猫背になると、練習中に気づいたのだ。

「なんで短距離の奴ら、こう走らんのかなーって、ずっと思っとった」

そしてラストの投げる瞬間、まるで新体操で伸脚するかのように左足を大きく前に出すのも、溝口の特徴だ。これも関係者を大げさでなく驚愕させたダイナミックなフォームである。

「わしは幅跳びのイメージで踏み込むんや。実際は足を前に出しとるんやなくて、ああ見えても上から叩きつけてるんや。それであんなに足がひらいて見える。助走スピードついとるしな」

助走からくる前進力と、幅跳びの踏み切り足をイメージした、上から叩きつける左足のブロック動作。これにより、やりは斜め上空へと、自然な軌跡に導かれる。

溝口のこれらのフォームは「真似することが不可能」「身体が潰れる」「まるでロボット」と言われたほど、独創的なものだった。あれは驚異的なパワーとスピードを持った溝口しかできない、と。

「そら、個々人にはそれぞれ特性があるから、一緒のフォームにはならん。しかし根本はみんな一緒や。それがみんなできてない。パワーがないとわかっとるんやったら、つけたらええだけやんと思っただけや」

精神と肉体

「外人に対抗すべく」溝口は、苛烈なウェイト・トレーニングを自身に課す。当時から「ウェイトの溝口」と呼ばれるほど、特にウェイトばかりをしてきた。

「やりなんかそう毎日投げられるわけじゃない。だからウェイトばっかりしとった」

やり投げは肩や肘への負担が大きいため、一日に投げられる本数はそう多くない。円盤や砲丸投げは一日に五〇本以上、時には一〇〇本以上投げることができるが、やりだと二、三〇本が限度だ。そのため投げないときは、ウェイトに重点を置いたトレーニングを自らに課した。それもこれも「外人と日本人の違いは力の差。だったらそれを埋めれば良い」という、溝口のシンプルな判断からだ。

「わしのウェイトはとにかく毎日マックス（最高重量）を挙げるだけ。疲労？　だいたい疲労ってなんやねん。そんなもん根性で克服できる。死ぬ気でやったら人間、不可能はない」

これは普通「根性論」といわれるものだが、溝口はそれを実践した上で「根性論は正しい」という結論に達していた。精神と肉体は密接につながっている。そのため肉体が疲労しても、精神が疲労しないかぎりは練習を続ける。そして精神が疲労したときに初めて「限界」というものが訪れると考えていた。だから溝口のウェイトは、その強靭な精神力としなやかな筋肉を背景に、テクニックと練習量で他者を圧倒する。

テクニックでいえば、例えば胸の筋肉を鍛える最も一般的な種目にベンチプレスがある。すでに前述したように、すべての種目が全身運動と考えている溝口だ。このベンチプレスも、背筋群と腹筋を総動員するフォームで行う。その上さらに末端を意識し、握る手先には特に力を込め、足のつま先にも意識を集中させる。また足のトレーニングであるスクワットでは、肩甲骨を意識して寄せる独特のフォームで行っている。

私もやってみたが、握りやつま先に意識を集中させるだけで、ただ寝転んでバーベルを挙げ下ろしするだけのベンチプレスがここまで難しいものになるのかと驚いた。

つまり、ウェイト・トレーニング自体が、やり投げをしているのと同じように意識して行われているのだ。テキストなどでは一種目に数えられている種目も、溝口は角度や握り、集中するポイントなどをそのつど変えて行うので、例えば同じベンチプレスでも、さまざまなレパートリーに分けられ、それぞれ目的別に行われる。それはやりを投げなくても対処できるよう、溝口自身が一から工夫し、あみ出したテクニックであった。

そして、驚異的な練習量。

「たまにやけど、ベンチプレスで総重量一〇〇トンを一日でやったりな。ようするに一〇〇キロを一〇〇〇回。これをピラミッド形式で最高重量まで上げて、エンドレスでやったり。このときはベンチプレスだけで四時間以上かかる。そのあとに懸垂五〇〇回。その日のウェイトはそれで終わり。胸やったから背中もやっとかんと。それと他の練習もするから、このときの練習は正午から始めて、夜九時までかかった。

一緒に練習しとった学生なんか、最後さすがに普通の懸垂もできんようになったから、飛びついてその反動使っての懸垂をやらした。それもできんようになったら、斜め懸垂。もうそのくらいなると前腕が疲労して手がどうしても鉄棒握ってられへんようなるから、手を鉄棒に紐《ひも》で縛り付けてやる。そしたらさすがにそいつ、ホンマに泣いてたな」

普段から、ウェイト三〇種目の中からだいたい一二種目を選んで毎日行っていた。これは通常の二、三倍量にあたる。溝口の噂を聞きつけて練習に参加する者もいたが、ほとんどが脱落している。

普通の選手だと、一日のウェイト・トレーニングは通常二時間程度だ。中には四五分程度でまとめるのが良いとする説もある。

「まあ、たった一時間のウェイトでも強くなる奴やったらそれでもええんとちゃう。しかし、それだけのウェイトでは、世界には出れんと俺は思う」

溝口のウェイトは、平均して一日四時間以上。さらに補強や助走練習もするから、練習全体では六時間にも及ぶ。一般的にいえば、これは完全なオーバー・トレーニングとして一笑に付されるだろう。特に冬期オフシーズンの練習量は、常識を覆すほどの質と量を誇った。

「オーバー・トレーニングが何やねん。そんなもん気持ちの問題や。その日は疲労困憊してバーベル挙げられへんなっても、次の日なったらまた挙げれるやろう？　それやったら挙げたらいいということや」

つまり精神が肉体を支配するようになって、そこで初めて「本当の限界」がおとずれる。それが真の限界だと、溝口は考えていた。

原動力は悔しさ

出身校でもある京都産業大学がいつもの練習場所だった。日々の練習パートナーは、その京産大の学生たち。もちろんレヴェルはケタ違いだが、記録や才能とは関係なしに、溝口はやる気のある選手へのアドバイスは惜しまない。全国学生選手権のやり投げ種目で京産大の選手が一、二位と上位を独占したこともあるのだが、それもうなずける練習量と独自のテクニックだ。

陸上部には監督もコーチもいるのだが、練習方法も一から構築していく溝口の相手は誰にもできない。溝口は独りで練習を組み立て、実践していく。

「どうしてそこまで、自分を追い詰められるんでしょうね」

やり投げに対する、溝口の情熱の根源はどこからくるのか知りたかった。

「親父に、男がやると決めたらとことんやれて教えられたから、かな」

溝口はいつもするような、質問をはぐらかす冗談っぽい口調で話した。

「ハングリーとか、確かにそういう要素があったら『便利』やろうけど、べつに俺には必要ない。育った環境とかも関係ない。勝負にハングリーさが必要なんて、俺はそんな消極的な性格やないよ。強いて言えば、なにくそーっていうのが俺の原動力。それだけで練習できる。それがエネルギーの元になる。馬鹿にされたら何年でも覚えとるからな、蛇なみのしつこさや。悔しさだけで頑張れる。でも、後になって、それだけじゃアカン、冷静なんも必要やてわかったけどな」

アスリートの過去

溝口和洋は昭和三七年（一九六二）、和歌山で農家を営むごく普通の家に生まれた。三姉妹中、ただ一人の男の子。幼い頃はガキ大将で、いつも友だちの輪の中心にいたというから、現在の孤独なイメージからは意外な感じがする。

格闘技が大好きで、中学生の時は剣道部に入るが「あんなもん、汗くさいし防具つけてメンメン言うだけでアホらしなって」二ヶ月ほどで辞めている。そして、次に入ったのが将棋部。結局、中学三年間は週一回将棋部に顔を出すだけだったというから、中学時代は運動らしい運動をしていない。

やり投げは高校から始めた。「中学三年の時、NHKの教育テレビで、『やり投げ教室』やってて、それ見て俺にもできそうやなと思った」のが動機だった。

「さっそく家の庭に出て、落ちとった竹の棒きれを助走つけて投げてみたら感触がいい。これやろって思った」

それでも、まだやり投げに専念するほどではなかった。部活も時々サボるし恋人ともデートする、いわゆる普通の高校生だった。

しかし当時から才能の片鱗《へんりん》は見せていた。パンチパーマで出場した高三のインターハイでは、たいして練習していないにも拘らず五九メートル六八という記録で六位入賞。その秋の国体では豪雨の中を投げ合って二位に入っている。しかし記録自体は六〇メートル七二という、平凡なものだった。

大阪への就職が決まっていたが、「国体で二位やったら、もう少し上を目指せるんちゃうか」と思い直し、急遽、進学希望に変更する。「やっぱり二位いうのが悔しかったんやな。あそこで優勝してたら、やめてたやろうけど」

そして高校の陸上部の顧問が京産大と縁が深かったこともあり、京都産業大学へ進学。

「大学に入ったからには一番目指そうて思って、このへんからやり投げに専念するようになった」

すると入学していきなり、全国大会優勝も狙える七〇メートル台の好記録を投げ、溝口はにわかに注目を浴びる。しかし、その後は肘を痛めたため、二、三年生は怪我の治療に専念せざるを得なかった。

二〇歳の頃に、二年という歳月をかけて怪我と闘うのはそう簡単なことではない。あまりの不甲斐なさに、通常は肘への負担を考えて二〇～三〇本ほどしか投げないやりを一〇〇本投げたりと、むちゃなこともした。

「この二年間はほんまにつらかった。でもこれで、どんなことにも耐えていける自信がついたのも確かやな」

大学四年最後のシーズンが始まると、溝口は七九メートル五八の学生記録を投げて復活。当時、国士舘大の学生だった岡田雅次と八〇メートル越えを競い合い、八二メートル以上を三度投げ、昭和五九年（一九八四）ロス五輪代表の座を手にする。

そして当時、日本記録保持者だった吉田雅美と投げ合うことで、溝口は刺激を得ていた。この頃はまさに吉田の絶頂期で、まだ溝口の実力は追いついていなかった。目の前で五メートル以上も差のある日本新記録を投げられたこともあるが、「あのときは自分がつぎ投げるの、アホらしなったな」と、後に語っている。

まだ実力がともなっていなかった溝口は、ロス五輪では敢えなく予選落ちしている。

しかし大学卒業後は衣料メーカーがスポンサーについた。これで心機一転、四年後のソウルを目指すことになった。

この後が、いわゆる陸上界でまことしやかに語られる「溝口伝説」の始まりであった。前述した苛烈な練習は、この頃から始まる。

「社会人やのに働かんと練習しとるんや。これくらいせなあかんやろう」

本人はただそう考えていた。

溝口伝説

「ロスで初めて外人と試合したんやけど、そのとき、あいつらたいした練習してないなとわかった。身体能力だけで投げてる感じで、技術的には未熟や。それがわかったから、わしにも可能性あると思った」

二十年来の友人で、練習パートナーでもあった高校教諭の山本雅司はこう語る。

「『俺は今からやりを一生懸命やるて決めたから、もう今までのようには付き合えん』と友人たちだけでなく、恋人にもそう電話してましたね。大学卒業のときに、やり投げに人生を賭けようと決めたんです。それからは、膝を地面についた状態でやりを投げてみたり、しゃがんだ姿勢から投げてみたりと、一からやり投げを考えていました」

「思いつくことは何でもやった」と、溝口自身も語っている。足で目玉焼きを焼こうとしたのも、この頃のことだ。練習は、最長で一二時間にもなった。

「ホンマは二四時間やりたかったけど、さすがに無理やった」

ただ練習するだけではない。ウェイトでもそうだが、その他にも溝口の創意工夫には驚くものがある。

例えば、やり投げ選手用のスパイク・シューズ。これには現在、溝口のアイデアが活かされている。それまでのやり投げのスパイク・シューズは、くるぶしの出るロウ・カットタイプと、足首をサポートするハイ・カットタイプの二種類しかなかった。

「ほんまはロウ・カットが一番ええねん。足首の動き制限せえへんから。そやけど最後の投げのときの左足ブロック動作が俺は強すぎて足首が不安定になるから、右足はロウのままで、左足だけハイ・カットにしたんや。ミズノに言うて作ってもらった。そしたら、それからしばらくして出た試合でゼレズニー（現世界記録保持者）まで真似してきよった。真似しやがってと思ったけど、そのときの試合はあいつに勝ったよ」

その後、各メーカーが商品化。この左右非対称のスパイク・シューズは、現在ではほとんどのやり投げ選手が使用している。

「ほんまにこれでええんか、これでええんかて自問自答しながら限界まで練習した。練習中に死んでもええと思った。一回、ウェイトしてるときにぶあっと冷や汗でて、顔面蒼白になって倒れたことあったけど、あのときはほんまに死ぬと思ったな。でも、コーラ飲んで少し休んで、また練習再開じゃ。練習まだ途中やからやめられへん」

ロス五輪から三年後のローマ世界陸上選手権では六位入賞。その順位通り溝口は世界六位にランクされ、着々とソウル五輪への準備は進む。マスコミも溝口の元へ集まってくるようになる。

「わしはプロのつもりでやってきた」

そう私に言っていた溝口だが、周囲には「わしはアマチュアや」とも言っていた。

「それはな、プロはどっちかというと、細く長くやらなあかんやろ。わしは違う。あとはどうなってもいいから、一瞬でも世界の頂点いきたいだけなんや。そういう意味ではアマチュア」

また、同じことを何度も言うのが嫌いな性格だから、自然、取材拒否が多くなる。

「溝口のマスコミ嫌い」は関係者の間で有名だ。いい加減な記事を書いた記者を競技場で見かけ、その記者を追い掛け回して首を絞めたこともある。

私は平成九年（一九九七）に初めて溝口にインタビューしたのだが、実は、そんなことは全く知らなかった。後に陸上専門誌の編集者から「よくインタビューできましたねえ」と驚かれ、反対に「そんな気難しい人だったのか」と、こちらが驚いたほどである。初めて会ったときから、数時間にも及ぶロングインタビューに付き合ってくれたからだ。

「ファン・サービスしない」という風評についても、自分はただのやり投げ選手だという思いが強いため、芸能人のように気軽に応じることがないだけだと語っている。しかし、事実はそれだけではない。人見知りが激しくシャイな性格なので、そんなことはとても毎回できないのだ。

後日談になるが、奈良からファンの子供が「溝口さん、世界記録だしてください」と京都まで激励に来たことがある。このときのことはその後も長く励みになったと溝口は語っている。そうしたエピソードからは、人との付き合いは下手でシャイだが、義理や人情というものを非常に重視していることがわかる。

週刊誌にも派手に書きたてられた。どんな場面でもうそが言えない性格から、コメントすれば「ソウルでは当然、金メダルです」と言ってしまう。夜はよく飲みに行くし、タバコも吸う。それをマスコミは面白おかしく書きたてた。

そして昭和六三年（一九八八）、ソウル五輪。滅多《めった》に試合を観戦することはないという両親までもが故郷からソウルに応援に来ていた。彼の四年間の「地獄の練習」の集大成である。誰もが溝口の入賞を予想した。

決定的な敗北

しかし、結果は残酷なものだった。

ソウル五輪、溝口は予選落ちに終わった。

五輪後、溝口の豪放磊落《らいらく》さは一転、ただ「傲慢な奴」という評価に変わってしまった。〝唯我独尊〟の姿勢を貫いてきた溝口だが、そんな上を上とも見ない彼を苦々しく見ていた陸上関係者も多かった。そこにこの敗北。良く言われるわけがなかった。

ソウルの会場を引き上げていく溝口のモノクロ写真が、私の手元にある。競技場からバッグを肩に下唇をかみしめ、うつむきかげんで出口へ向かって歩いている。今までにない、決定的な敗北だった。

溝口はもう終わった、とさえ囁かれた。

「ソウルの失敗か。あれは原因がはっきり二つある。一つは、会場の雰囲気やった。日本人応援団がやりのピット（助走路）側に陣取って『ミゾグチーッ』て叫びよる。俺はあれが苦手やった。オリンピックやから緊張したわけやないんやと思う。俺にはどの試合も関係ないから。

俺は日本記録も外国で投げとるやろ。あれは外国やったら、声援も外国語やからなに言うてるかわからへん。だから気分的に楽に投げられるんや。日本語の声援は意味わかるから嫌いなんや。ソウルは外国やから大丈夫やと思っとったけど、誤算やった。競技場に出てみたら、日本人ばっかり。ガチガチになってもうた」

よほどこのときの敗北が悔しかったのだろう。ソウル五輪の話になると口調は一転、愚痴《ぐち》っぽくなる。溝口もそれを自身で察してか、口が重くなる。

「もう一つの原因は、吉田（雅美）や。ソウル入りしてから俺、風邪ひいてもうてな。しばらく寝込んでたんや。そしたら俺が寝てる間に、俺の部屋の窓とドア開けて風いれるんや。風邪気味で寒気あるから、部屋締め切って寝てんのに。起きたら寒くてびっくりしたよ。見たらあいつ、俺の部屋のドア開けたまま、涼しい顔して廊下で本読んどる。もう体調ガタガタで最悪やんけ。せやけど負けたんは事実やし、今さら言うてもしょうがないことやからな。しかし、なんやねんこいつと思った」

二人の仲の悪さはよく知られている。合宿中、いつものとおり呑《の》んで深夜に宿舎に戻った溝口を、同室の、実直で知られた吉田雅美は鍵をかけて開けなかったこともあるほどだから、ソウルでは溝口が語る以上の衝突があったのかもしれない。しかし実際、吉田雅美がどういう思いでそうしたかは、彼が故人となった今、確かめようがない。しかし、もしそれが事実だとしたら、それは元日本記録保持者が溝口へ見せた、勝負への怨念だったのかもしれない。

「絶対許さんと思った。でも、もう死んでもうたからな。死んだ者は許したるから、今は何も思てない。でも悔しいな。なんであんなに頑張ってやり投げてた奴が、あんな死に方するねん。もっとしっかりせえよッて、今も言いたい」

吉田雅美は平成一二年（二〇〇〇）に亡くなっている。自死だった。

再び世界へ

ソウル五輪の失敗で今までにないひどい落ち込みを経験したが、「このままでは世話になり、迷惑かけた人たちに申し訳がたたん」と考えた。奈良から見知らぬファンが激励に訪れたのもこの頃のことだ。

やがて溝口は練習を再開する。ソウルでのショックから、しばらくは酒びたりの生活が続いていたのだが、それがまた良かったのではないかと溝口は述懐する。

「ロスからソウルまでの四年間はほとんど休まず練習してたから、ここで精神的に落ち込んで練習量が落ちた。精神的にはきつかったけど、身体的には疲労がとれたんやろな」

そして翌平成元年（一九八九）。「オリンピックなみに調整した」という四月の国内戦で溝口は、自己の持つ日本記録を一メートル以上更新、八五メートル二二という大記録を投げる。「溝口和洋、再起！」とメディアは書きたてた。

そして五月。日本人として初めて、国際グランプリ・シリーズへの参戦を決める。国内試合の連覇という記録に意味を見出せない「太く短く生きる」男としては、当然の選択だった。

グランプリ・シリーズとは、主に欧米各地で行われる国際試合で、当時は計一七試合、ポイント制で争われていた。特に欧米での人気は高く、長丁場の転戦ながら、世界各国からさまざまな選手が参加する。入賞者にはもちろん賞金も出る。

「陸連は何も知らんから、海外遠征のときにわしがそういう試合があるて聞いて、参加を決めたんや。賞金のこと報告なんかしたらあいつらにとられるから、黙って自分で受け取って使った。

しかし、陸連ってなんやねん。グランプリも知らんし何もしとらんくせに、金ばっかり持っていきよる。わしのCM出演料なんか、ほとんど陸連が持って行ったんやぞ。人の足ばっかり引っ張りよるし、あいつらただの金取り団体やないか」

溝口の批判は辛辣だが、世界で活躍する日本人選手のほとんどが同じ悩みを抱えていたのも事実だった。この溝口の先駆的体験が、後のマラソン・有森裕子らのプロ宣言へとつながっていく。

その頃の日本では、誰もグランプリ・シリーズなど転戦したことがなかったため、知識や経験が不足していた。つまり全てが初めてのことだった。旅費などの金銭交渉も、すべて個人でしなければならない。溝口は所属企業に英語の話せるトレーナーを付けてもらい、一人で交渉を進めた。

その年の五月二七日、ブルース・ジェンナー・クラシック競技会に出場する。アメリカ西海岸のサンノゼで行われるこの試合が、国際グランプリ・シリーズ開幕第一戦となる。

試合当日、競技場入りした溝口は大歓声で迎えられる。以前にもグランプリとは関係なくこの試合に出場しており、彼はそのとき大会記録を投げているのだ。

遠征に付き添った京産大の卯野優コーチは話す。

「欧米の観客はそれぞれ競技を楽しんでいますから、試合会場は本当に気分がいいですよ。それに観客の目も肥えています。例えば日本だと、やりが芝生に刺さってから歓声が沸くけど、欧米ではやりが飛んでるときに歓声が沸く。やりの勢いや高度を見れば、好記録が出るとわかるんです」

投擲競技は計六回、投げることができる。正確にいえば、三投した時点での上位八人が、さらに三投できるというルールだ。オリンピック級の国際大会になると、その前日までに予選三投が行われることもある。

世界新記録

当日のサンノゼは快晴。西海岸の暖かい風が軽く吹いていた。

溝口の一投目は、八〇メートル二四。観客から歓声が沸く。一投目としては順当な記録だ。投擲競技において一投目は、できるだけ上位八人に残るくらいの平均的な記録が望まれる。そうすれば、二投目からはファール覚悟で全力で投げることができるため、精神的に余裕ができるのだ。

二投目、八四メートル八二。いきなりの大会新記録に参加選手たちからも祝福される。ソウル五輪の優勝記録が八四メートル二八ということを考えれば、かなりの好記録だ。しかしこの記録は後の記録用紙に、なぜか八一メートル八二と記されることになる。

そして四投目。

ピット（助走路）に立ち、やりを肩に担ぐようにして構える。このとき、溝口はカチッと肩関節を「はめる」のだという。「カチッと固定できれば、逆にすごい反動が利用できるから」

簡単にステップしてリズムをとってから、一〇〇メートル一〇秒台の力強い助走をスタート。全力疾走ではないが、小柄という不利があるため、他選手よりもかなり速いスピードで走る。次に溝口の真骨頂である低い重心のクロス・ステップ。

そして四歩目、ラスト・クロス。追い越した右足をさらに抜き去るように、目いっぱい左足を前方の地面に叩き込む、その一連の動作がうまくスピードにのり全身の力を一点に集中させてフィニッシュ。

バンッ！　と弾けるようにブン投げられたやりは向かい風にのって高度を上げ、風にのる。そして緩やかに放物線を描き、やがて芝生の上を跳ねた。

八七メートル六八。

世界新記録。

「ＮＥＷ　ＷＯＲＬＤ　ＲＥＣＯＲＤ！」

興奮して叫ぶ場内アナウンス。アジア人初のやり投げ世界新記録の誕生だった。従来の世界記録は八七メートル六六だから、二センチの記録更新となる。

観客は騒然、他の選手がぞくぞくと溝口に握手を求めに来る。騒ぎのため、当の溝口は事態を把握できないでいる。

世界新記録ということで、再計測が行われた。ビニール製の安価なメジャーを思い切り引っ張っての計測。当然のように記録は当初の発表より八センチも短くなり、最終発表は八七メートル六〇となった。

「そんな馬鹿な、これでは世界記録に六センチ足りないッ」白人計測員のあまりの横暴に、日本から付き添ってきたトレーナーが古いビニール製でない、もっと新しいメジャーを使うよう抗議しようとしたとき、それまで黙って座っていた溝口は立ち上がった。

「まあ、こんなものでええかッ」

それだけ言うと彼は、サインを求める観客に揉まれながら、さっさと着替え始めた。トレーナーも仕方なく溝口に従うしかなかった。

「そら悔しない言うたら嘘になる。そやけど、このときは『そっちがその気やったら、数センチじゃなく、もっと大幅に更新したるわい』と思ったんや」

二投目の大会記録が書き替えられていたこともあり、意図的な臭いのある試合ではあったが、自己ベストを二一メートル以上も更新。この結果には、溝口もとりあえずは満足した。

こうして、グランプリ開幕戦でいきなり世界歴代二位の記録を投げた溝口はその後、ヨーロッパを転戦し、連戦連勝を重ねる。

グランプリ・ファイナルはモナコで開かれた。最終戦はポイント上位者しか参加できない。これも日本人としては初めての出場となった。

溝口はこの試合でイギリスの新鋭スティーブ・バックリーに僅差で逆転され、結果、総合二位となる。

しかし、一九八九年度のグランプリ・シリーズを記録した国際陸連発行『IAAFマガジン』の表紙は、溝口の迫力ある投擲シーンが飾った。これも日本人として初のことだ。この機関誌はグランプリ・ファイナルの会場で、世界各国の選手、マスコミに配られる。

総合二位の溝口が、グランプリ最終戦に発行された機関誌の表紙を飾ったのは、溝口に対する敬意であろう。見も知らぬ小さなアジア人が、いきなりグランプリに殴りこみをかけてきたのだ。それも日本が得意とする長距離ではなく、日本人にとって最もハンデが大きいと言われている投擲種目だ。溝口は観客だけでなく、他種目の優勝選手にもサインを求められるほどだった。

表彰台に上がる溝口を、身長一九八センチのスティーブ・バックリー（一位、英）と一八八センチのエイナルソン（三位、アイスランド）が囲む。身長一八〇センチの溝口だが、それでも彼らの肩までしかなかった。

また、日本では馬鹿にされた溝口の独創的なフォームも、欧米では特に賞賛の的となった。

機能美、という言葉がある。その目的とは関係なく、機能を究極までシンプルに追求すると、時に非常に美しいフォルムを生み出すことがある。例えば戦闘機や戦車は、戦争の道具として使用されるものだが、究極のフォルムはその目的に関係なく、時に美しく感動的ですらある。

溝口の、機能美にあふれるダイナミックで刹那的なそのフォームは、多くの欧米人ファンを魅了したのだった。

壊れた肩

しかし溝口はそのシーズンを最後に、競技場から姿を消す。

「グランプリの翌年から新しい技術に取り組んだんやけど、潰れてもうた。肩が、バリッて音たてて壊れた」

肩を剝離《はくり》骨折してしまったのだ。結局、これが溝口の選手生命を途絶えさせた。

「その新しい技術いうのは、『投げるときに顔を左に向ける』。ただそれだけのことなんや。それまではやりの投げる方向（正面）を見てた。その顔を、やりも見んと左に向けることで、より強い反動を利用しようとした。せやけど、それまでも限界までやって投げてたんが、首の反動を使うことで限界超えてもうた」

ショックは大きかった。しかし、その怪我は後の溝口に一つのことを気づかせることになる。

「俺は人より疲労も感じにくいし、器用な方やった。だから他人が俺と同じことできへんのが何でか、今まではようわからんかった」

それが、わかるようになった。脊椎分離が五ヶ所、右肩は剝離骨折、左ひざは痺れて動かない状態。それでようやく、天性の身体が「一般人」と同じになったという。

「身体が全然動かん状態になって初めて、なんやまるで一般人やなと思った。でも、ああいうことやったんかって。一般人の感覚がわかるようになった。それからは、どうしたら一般の人にもこの感覚を伝えることができるのかとか、そんなこと考えながら、後の数年をトレーニングしてた」

その後、試合には年一回だけ出場。平成七年（一九九五）には八〇メートル台の記録を出して世界選手権にも出場しているが、ほとんど話題になることはなかった。

それでも相変わらず、きっちり一日六時間の練習をこなしていた。

「所属してた会社に世話なってたからな、身体ボロボロで投げれる状態やないけど、試合も出なしゃあない。ちょうど自己最高記録投げたとき、給料が倍以上になったんや。そやけど、その年に怪我したやろ。せっかく給料上がったのにやめるのもったいないなと思って。まあ、いうたら金のためや」

そう自嘲気味に話すが、真意ではない。友人である山本雅司は話す。

「溝口さんは、九〇メートル台を出せる技術と感覚がもうすでにわかっていたので、それでやめるにやめられなかった。どうしようもない怪我だったんですけど、その後も九〇メートル投げられる感覚が残ってるから、これを何とかしたいんやと、いつも言ってました。なんとか確固たるものにして、満足したらやめると」

溝口効果で所属会社もトレーニング・ウェアなどで好調な売り上げを記録していたが、

その後はバブル崩壊の余波から経営危機に見舞われていた。そうした事情もあり、長らく引退状態だった溝口はとうとう退職を勧告される。

「八〇メートル台の記録で日本選手権連覇とか、しようと思えばできた。せやけど、そういうことは嫌いなんや。一瞬に賭けたい。世界のトップにしか興味がなかった。なんとかもがきながらも練習は続けたけど、そういう極限状態での勝負は、もう無理やとわかった」

溝口は退職をきっかけにして、やりを握る手を止めた。

平成一〇年（一九九八）春、三六歳。やり投げを始めて、二〇年が経っていた。

パチプロへの転身

引退後の競技者の行く末は教職、会社員、自営や家業を継いだりとさまざまだ。しかし、溝口は故郷の和歌山に戻らなかった。

この数年間、あの溝口和洋は一体、何をして食っていたのか。

「パチプロや。スロットの方やけどな」

初め聞いたときは、また溝口一流の質問をはぐらかした冗談かと思い、一笑に付した。

しかし、そうではなかった。溝口は毎日のようにパチンコ屋へ〝出勤〟していたのだ。週末は休みと決めていたというから、本当にどこかへ勤めていたような風に話す。

しかし、溝口の精悍な顔を見ているとそれも次第に納得がいくようになった。普通、競技者は引退すると顔つきが優しくなったりと変化するが、溝口はいつまでも猛々しい。四十代とは思えない肌の艶と筋肉。博打で食っているからといっても、スレた印象はまったくない。

「俺はよう、やり投げしてたからか指先が敏感でな。レバーの感触で台を決めた後、指先をこうスロットの機械に当ててるんや。そうしたら電磁波やと思うんやけど、振動の波長を感じ取って、こいつは『出る』てわかるんや」

「まさか」

真面目に話を聞いているのにと、私が顔をしかめると、溝口は苦笑いしながら言った。

「ほんまやいうねん。誰も信じんけどな」

「それにしても、周囲からもいろいろと言われるでしょう」

「そんなん、俺の人生やねんから関係ないやんけ。そういえば高野（進、東海大教員。四〇〇メートル東京世界陸上選手権七位、バルセロナ五輪八位）なんかも『オリンピックに出た者がそんな、パチプロなんかしてていいのか』とか、訳わからんこと言うてきよったけど、あいつ、かなりアホやからな」

まるでどこかの頑固な職人のように、ぽんぽんと辛らつな言葉がでてくる。いろんな人に誤解を生んできたが、溝口の悪口は「五月の鯉の吹流し」だ。口では大きいことを言っているようだが、腹の中はさっぱり何にもない。つまりほとんど他意はないのだが、誤解される性格であることには違いない。

室伏広治への指南

その後、請われて中京大学で時おり、指導にあたるようになった。ハンマー投げのホープ、室伏広治《むろふしこうじ》の指導のためだ。ほとんどボランティアで愛知県へ出向いた。室伏も「最も影響を受けた人」として、溝口の名前を挙げている。

「やっぱり広治が出てきたときは、そうやな、俺もできなかったことをやれる奴やと思った。すごい才能やったからな。その上に、俺が独り悩みに悩みぬいて発見してきたものを、あいつは俺から簡単に吸収できる。あいつの才能に嫉妬とかはないけど、それが『ええなあ』て羨ましかったな。俺はすごい時間をかけて、それらを独りで見つけてきたからな。それにハンマー投げとかやり投げとか、関係ないんや。俺は全体の動きの中でどこがおかしいかわかるから、どんな競技でもアドバイスできる。

とにかく、初めにあいつにはウェイトせいて言うた。『バンビちゃん』て呼んだったよ。大学生のときはメチャクチャ細くて弱かったからな。今はバケモンみたいになりよったけど」

中京大では必然的に、他の選手の指導もすることになる。しかし当初は、溝口がやり投げ日本記録保持者だと知っている学生は少なかった。

「なんか、ただの怖いおっさんやと思われてたな」

それも仕方あるまい。溝口が世界を舞台に活躍したのは、八〇年代後半だ。教えていたのは二〇〇〇年前後。溝口の絶頂期は、ちょうどその頃の学生たちが小学校に上がろうとしていた頃である。

毎年、春になると昨年度の記録集計が冊子となって発行される。そこに彼は、平成二二年（二〇一〇）現在でも、アジア・日本記録保持者として名前が掲載されている。あの、当時の世界記録まで六センチと迫った八七メートル六〇の記録は、二〇年以上たった今も破られていない。

引退してから数年間、溝口は中京大で非公式に教えていたが、その頃の学生たちにとって、すでに溝口は過去の人になっていた。しかし記録集計表を見て、彼らがこう言ってきたこともある。

「溝口さん、日本記録保持者の欄に名前が出てますよ！」

溝口は私に笑いかけた。

「当たり前じゃッ、言うねん。ホンマあたま痛なるぞ」

また、日本でもトップ級の実力をもつある学生選手は、溝口の練習方法とその量に驚き、思わずこう訊いたという。

「溝口さん、私の大学四年間はいったいなんだったんでしょう」

溝口は、笑わずにこう答えている。

「お前の四年間か。わしの二時間じゃ」

こうして、溝口はようやく中京大学で「こわい日本記録保持者のおっさん」として、存在を知られることになる。それまでは完全に忘れ去られた存在だった。いや、今でも一般的にはそうだろう。

あるとき、私はウェブ上のあるホームページで、「終わっている人」として、溝口の名前が掲載されていたのを発見したことがある。それは、インターネット特有の無責任な書き込みだったが、また一方で非常に的を射たものであった。しかしそれにも、溝口はたいして気にとめない。

「忘れられた方が気楽じゃ」と。

アスリート無頼

日本陸上界は、一九九〇年代から肩の故障で不遇な競技生活を送っていた溝口を黙殺した。世界レベルの技術を持つ溝口だったが、その存在自体があまりに無頼に過ぎた。

例えば、溝口はタバコを吸う。八十年代当時、日本ではタバコを吸う競技者は少なく、しかもそれを公言する者は皆無だった。タバコを吸うと身長が伸びないと言われた時代である。平成元年（一九八九）の日本選手権に出場したとき、溝口は国立競技場でもタバコをふかしていた。陸連幹部たちや指導者たちは、そんな溝口を苦々しく見ていた。しかし「俺も一応、気つかって外で吸ってたんやけどなあ」と溝口はあくまでも屈託がない。

また食事にしても「ホカ弁にラーメン・ライスです」と公言。実際、海外遠征時は毎日、ハンバーガーばかりを食べて過ごした。

「食事なんかしっかり食っときゃそれでええ。後はプロテインとビタミン剤で十分や」

今でこそサッカー元日本代表・中田英寿の「野菜嫌い」などは有名だが、この頃は栄養管理の重要性について声高に言われ始めた矢先だっただけに、これでは栄養管理士も面目丸つぶれだった。

「じゃあ栄養管理したら、絶対に、必ず記録が伸びるんか。そんなこと気にするんやったら、ちょっとでも練習した方がいい」

前述した、タバコをふかして出場した日本選手権。その前日、溝口は深夜まで飲み歩いて遊んだ後、一睡もしないまま出場。それでも八一メートル七〇という、当時としては世界的な好記録で優勝した。そんなことも周囲は面白おかしく噂にする。

しかし実際は呑み歩いたり、女遊びするタイプではない。

「酒はホンマは嫌いなんや。あの頃はストレスたまっとったからか、よく呑んだけどな。今はまったく呑まん。女も面倒くさい。あれは口説くまでが楽しいんや」

現在のパチプロという職業。それにこうした現役当時の逸話を聞くと派手な印象があるが、現実の溝口は、他者を寄せ付けないほどストイックな人物だ。本意を人に話すことがほとんどない。またソウルの失敗からは、競技選手としては致命的ともいえるほどの繊細さがよく滲み出ている。

一睡もせずに日本選手権に出場したのも、実は溝口らしいストイックな方法で、そんな疲労困憊した限界の状態でどこまで投げられるのか試したようなところがある。世界を転戦するとなると、移動などで疲労困憊したまま試合に出なければならないこともあるため、そんな状況を想定して、溝口は敢えて前夜から自身を追い詰めていた。すでにライバルのいない日本選手権で気持ちを奮い立たせる、彼なりのリハーサルだった。

「極端な話、セックス中もこの動きをやり投げに応用できんかなて、そんなことばっかり考えとったな」

「なんか人には遊びまくった話しかしてないみたいですけど、実際は〝決まり〟があってね。一〇〇パーセント完璧な練習できたときだけしか、遊んだらダメなんですよ。遊ぶのはハードな練習を乗り越えた、自分へのご褒美。怪我や調子が悪くて満足に練習できない日は部屋でじっとする。明日こそは完璧な練習して遊ぼうと。そういう考えなんです」

共に呑み歩いた友人の山本は、溝口の性格についてさらにこう語る。

「ぼくは愛知県で教員になってから、沖縄や北海道合宿に参加できなくなったので、溝口さんとも会えなくなったんですね。そしたら『じゃあそっちでやろか』とわざわざ中京大に来てくれ、ついでに学生たちも指導してくれたんです。本当にすごくやさしい人で、びっくりしますよ。子供は嫌いやと言ってたのに、ぼくが子供連れてたら、今まで見たことのない顔であやしてますしね」

また、溝口のその徹底したやり投げ哲学ともいえるものが、旧態依然とした日本の陸上関係者に理解されないのも当然であった。溝口も権威をことさらに嫌った。例えばこんな話が残っている。

試合で地方に行ったとき、県の幹部たちが溝口を、地元名物のジンギスカン料理に連れて行った。だが、実は溝口は肉があまり好きではない。焼いた魚が好物で、羊料理ならなおさら苦手だった。それでも普通なら少しくらいは箸をつけるものだが、結局、溝口は最後まで肉にいっさい手をつけず野菜だけしか食べなかった。このときは、同席していた他の選手たちが慌てて場を取り持ち、ことなきを得た。

また別の場所へ合宿に行ったときのことだ。今度は地元市長らに接待を受け、寿司屋へ連れて行かれた。寿司は溝口も好物だ。欧米遠征時もよくスシ・バーへ出かけている。

しかしここでも、溝口はほとんど手をつけなかった。心配した市長が、溝口くんは寿司が嫌いなの、と聞くと「はあ」と冴えない返事しかしない。それは失礼したと、今度は地元名物の蕎麦を食べに移動する。いい加減うんざりした溝口は、そこで「ウドン」を注文したという。山本は笑いながら話す。

「しょうがないから、『いや、ここは蕎麦がうまいらしいっすよ、溝口さん』てフォローしたり。でもまったく手をつけないから、ぼくらが『ここの蕎麦うまいっすねえ』とか言って誤魔化しました。とにかくお世辞が嫌いな人ですからね」

マスコミに騒がれ、市長が来訪しても、ファンが駆け寄って来ても、溝口はいつもそことは違うところにいるのだった。

彼にとって孤高孤独であることは記録を生み出すエネルギーになりこそすれ、障害にはなり得ない。記録さえ出せば文句はあるまいという、真にシンプルな信念だけがいつもあった。最低限の社交辞令は社会で生きていくために必要なことだが、溝口にはそれが一切ない。そこからくる孤独を、やり投げという個人競技へプラスに転化する。溝口に興味があるのは、どうやったらもっとやりをより遠くに投げることができるのか、そのためには自分をどれだけ追い詰めれば良いのか、それだけであった。

あるとき、私は溝口に「ドーピング（禁止薬物投与）をしていましたか」と訊ねた。

「ドーピングか。それだけはせえへんかったな」

実は、私は溝口が禁止薬物を用いていたと考えていた。やりを遠くに投げるためには限界を超えることも厭わない者が、ましてや外国人に比べて身体的ハンデのある彼が、ドーピングしていないとは考えにくかったのである。しかも一九八〇年代はドーピング全盛の時代である。検査に引っかからないで薬物を用いることは、可能だったはずだ。

「確かに外人はみんなしてた。今も活躍しとる有名な奴も当然やっとった。せやけど、俺はいつも独りやったやろ。あれは普通、たいていコーチとかが仕入れてくるんや。コーチのおらん俺は、手に入らんかった。手に入ってたら、やってたやろな」

「しかし、やらなかった。それに、あなたなら手に入ったでしょう。身長も才能もある外国人選手がドラッグを使ってるのを見て、腹は立たなかったんですか」

「まあ、そらホンマに手に入れようと思ったらできたやろう。世界グランプリを転戦してるとき、外人のコーチから『なぜお前は使わんのや。提供しよか』と言われたことはあった。俺は身体が数年前からたいして変わってないから、使ってないてわかるんや。

反対に、使うと急激に身体つきが変わるし、動きが自然じゃないからすぐわかる。しかし、今更なあ、と思ったんや。薬に頼らんとここまでやってきたんやから、このまま頑張ろうと。薬を使う奴の気持ちはわかるから、そいつらを非難しようとは思わんかった。

俺はよう、多分、その過程を大事にしたかったんや。ここまで死ぬほどの練習してきたのに、『溝口はドーピングしてたから強いんや』とは、思われたくなかった」

私はその話を聞いて、世界的登山家である山野井泰を思い出していた。彼も私に同じような話をしていたからである。

「山を登るということは、もちろん頂に立つことを目標にしているわけですが、その過程が楽しいんです。高山病だって、高山だから味わえる苦しみなわけで、それを薬で緩和するのはもったいない。ぼくにとってその過程は、頂上に登るのと同じくらい、大事なことなんですよ」

そして平成一三年（二〇〇一）になって突然、溝口の名前が陸上界で再び噂されるようになる。教えていたハンマー投げの室伏広治、それに女子やり投げの三宅貴子の活躍からだ。

元々、壁に突きあたっていた室伏広治の指導のために中京大へ出向いていた溝口だが、必然的にやり投げも見るようになる。そこに三宅貴子がいた。出会ったのは、三宅が大学二年の平成六年（一九九四）。三宅は高校のインターハイ覇者だったが、溝口と会うまではその高校時代とさして変わらぬ記録で、足踏みをしていた。

溝口と出会った翌平成七年（一九九五）、彼女はいきなり五メートルも自己記録を更新。三宅はその年の日本学生選手権を制した。その後、彼女は怪我などでしばらく停滞するのだが、平成一三年（二〇〇一）、ついに六一メートル一五という悲願の日本記録を打ち立てる。これは長距離以外の種目では、女子初の国際大会A標準突破となった。この記録は現在でも破られていない。

室伏広治もこの年、八三メートル四七という大記録を投げる。これはロシアのユーリ・セディフのもつ世界記録、八六メートル七四に迫る記録だ。さらに世界選手権では二位、溝口に次いで日本人二人目となる国際グランプリ・シリーズ最終戦にも出場し、優勝した。成績の上ではもはや、溝口を超えたといえる。平成一五年（二〇〇三）にはさらに記録をのばし、八四メートル八六という驚異の投擲を世界に見せつけ、「もう何も言うことないんとちゃう」と溝口も呆れるほどに成長した。

もともと溝口がパチプロであり続けたのも、実は室伏広治や三宅貴子の指導をするためであった。もし溝口が他の職に就いた場合、ここまで時間の融通は利かないだろう。試合、練習、合宿と各選手を見るには、時間の自由が利くパチプロの方が都合良い。日本国内ならば、どこに行っても稼げる利点もある。それ以前は、選手指導のための合宿に自費で行くこともあった。やり投げだけに賭けてきたつぶしのきかない四十路の男が、ボランティア状態でコーチをして、しかも生活していくにはそれしかなかった。

溝口本人はパチプロであることを「好きやからやっとる」と周囲に話している。確かにパチンコやスロットは現役のときから遊びでしていたから、好きなのは確かだろう。しかし、勝負事に生きることがそんなに気楽なはずがない。

「試合で知り合ったヨーロッパの選手から今でも、『あのミゾグチは今どうしてるんだ』とよく訊かれますね。ヨーロッパではすごく評価高いんですけどね」

山本もそう語るが、まさか日本でプロのギャンブラーになっているとはヨーロッパの選手も想像できないだろう。欧米を転戦し、世界の強豪と世界記録を投げ合ったパイオニアがなぜ、このような不安定な境遇にあるのか。溝口の協調性の欠如にも非があるとはいえ、真に日本的な現象といえるかもしれない。

「やっぱり、六センチの差で世界記録を逃したというのが悔しいんやろな。それでいまだに、こうしてやり投げに関わっとるんやと思う。あれはわしの感覚的にも世界記録やったと思うから、気持ちの上では満足してる。それでも、やっぱりちょっと引っかかるんやな、あの六センチが。それがあるから、燃え尽きたとは言えんかった。それが、パチプロしながらでも選手を指導するエネルギーになっとるんかもな」

燃えつきた男

その後、私は久しぶりに本拠地としていた京都で、溝口に会った。

「もう、帰ろうかと思うてるんや」

「帰るって、どこへ」

「和歌山の実家や。わしが帰るいうたらそこしかない」

最近、パチスロが面白くないんや、という話は聞いていた。三宅らの指導が順調になってきたため、パチプロという〝仕事〟が面白くなくなってきたのだ。また一躍世界的選手として有名になった室伏広治とその後、疎遠になっているのも一因でもあるようだった。室伏は、「溝口さんは、お世話になった多くの人たちの一人でしかない」と広言するようになっていた。それまでは「最も影響を受けた人」と話していたのだが。

「まあ、広治さんが変わったのは仕方ないのではないですか。あのレヴェルまでいったらさらなる記録更新は至難だろうし、世界的な選手はそれなりに付き合いも増える」

「いや、わしはそんなことを言ってるんやない。例えばやり投げ選手はやり投げてナンボや。みんなチヤホヤしてくれんのは、やり投げてる間だけ。それを忘れたらあかんのや」

溝口が古武士としたら、室伏は現代人ということになるだろうか。確かに平成二〇年（二〇〇八）北京五輪五位という成績を見る限り、室伏にはすでに往時の勢いはない。しかし、何が正しいのか、プロの選手同士だけに答えを出すのは容易ではない。

そんなことよりも私は、何か残念なような気がしていた。中学時代は将棋部だった小柄でぶ厚い眼鏡をかけた少年が、一本のやりで世界的選手になったのである。実家に帰って農家を継ぐのは大事なことに違いないが、その活躍と、独自のトレーニング方法も何ら評価を受けることなく、人知れず田舎に帰るというのが、とても残念なような気がしたのである。

いつも強気で辛らつな言葉を口にする溝口に、私はことさらにこう訊ねた。

「それでは、やりを投げていないない今のあなたは何ですか」

「わし？　わしはただの燃えカスかな」

「あなたがいま故郷に帰ったとしたら、誰も思い出さなくなるかもしれないですね。それが怖くないですか」

彼は笑いながら呟《つぶや》いた。

「それの、なにが怖いねん」


リラックスなんかせえへんよ。

リラックスなんかしたら投げられへんやんけ。

わし、力いっぱい、投げるだけなんや。

参考・引用文献
『月刊陸上競技』
『月刊陸上競技マガジン』

第四章　クリオネの記――筋萎縮症女性の性とわいせつ裁判

脊髄性進行性筋萎縮症

その日はバレンタインデーだったから覚えてるの、と彼女は言った。

「今でも、その日がくるたび思い出す？」

「うん」

あの日から七年がたち、西本有希《にしもとゆき》も二八歳になった。黒かった髪を明るく染め、うっすらと口紅をひいている。彼女はあの日と同じように、動かない左手を右手で支え、ガラス細工のような身体をベッドに横たえていた。正午の陽に照らされた彼女は明るく、美しかった。

「君は、なんていう障害なの」

「脊髄《せきずい》性、進行性、筋萎縮症」彼女は区切りながらゆっくりそう言うと微笑んだ。

「筋ジストロフィーと同じような病気。だんだん筋肉が弱っていって、死ぬ病気」

西本有希は昭和四九年（一九七四）八月一一日、大阪で生まれた。

彼女の病気は生まれつきなのだが、そうとわかったのは四歳のときだった。体重二五キロの現在からは、ちょっと想像しにくいことだが、それまでは、太りすぎているから発育が遅れていると病院で言われるほど丸々としていた。すでに三歳で読み書きができた。「寝たきりで他にできることがないので、読むことや書くことに集中できたんやと思います」と母は語る。だから養護学校へ入学した後も、勉強はよくできた。歩けないため、幼い頃から移動には車イスが手放せなかった。

しかし、その養護学校もほとんど行かなかった。

「養護学校って、なんとなく嫌だったの。だから今の登校拒否のはしりみたいな感じで、病弱だからとか理由つけて、先生に自宅訪問してもらってた」

「どうして嫌だったの。養護学校に行って、障害者っていうことで特別に見られたくないと思ったのかな」

「そうなんやろなあ。いま思えば、私も障害者を軽蔑してたのかも」

小学生三年に進級するとき、普通学校へ編入する。その頃は、なぜかよく泣いていた。

「どうして？　いじめられたの」

「ううん。私、いじめられたことないの。でもどうしてかなあ。あっ、運動会の前とか」

「参加できないから？」

「そうそう。いま思えば、先生が『有希ちゃんにはもっと他にできることあるんだから』ってかまってもらえるのが嬉しかったんやろうなあ。でも、そのときは真剣に悲しかったんやけど」

「可愛いね、その頃は」

私が意地悪くそう言うと、彼女も平気な顔をして返す。

「そうやろう？　いま思えば、そんなことくらいで泣いて。ねえ」

初恋は小学校六年生のときだった。

「サッカー少年でした。その子は車イスの私でも全然、他の子と同じように接してくれたから。私も小学生のときは障害もってること、あまり意識してなかったから。将来のこともあんまり深く考えないし。でも、純粋に人を好きになったのって、そのときが最初で最後だろうなあ。それからは、障害者ってことを意識してしまって」

淡い恋

　中学に入るまでは喘息の発作など、病気がちでよく入院していた。中学生になった後も、一年生の勉強はほとんどできていなかったが、成績は相変わらず優秀だった。

　その中学生の頃にも、淡い恋があった。入院がちで中学校にはほとんど出席できなかったのだが、その頃、匿名で年賀状が届いた。筆跡から小学生のとき仲が良かった男子生徒からだとすぐにわかった。

「その年賀状が、すごく嬉しかった。それで復学して中三に進級するとき、バレンタインデーの日にお礼にチョコあげたんです。そしたらある日、廊下ですれ違いざま、何も言わずに車イスの机の上に何か置いてくれたの。何かと思ったら、合格祈願のお守りだった。ああそうか、これから受験やなあって。私は進学のことなんか考えもしなかったから、びっくりしたけど嬉しくて。それから特に話したりしたわけでもなかったけど、すれ違うたびに目が合って。それで、ああその子のこと好きかなあって」

「彼もあなたのこと好きだったんだね」

「どうかなあ。変わった動物やなあって、興味もってただけちゃうかな」

その後、有希は自宅近くの府立高校へ進学した。

「高校三年間が、一番楽しかったなあ」

そう有希は振り返るが、その高校二年生のときには、自殺未遂を起こしている。手首を切っているところを母に発見された。

「将来に、なんか漠然とした不安を感じてしまって。高校でたらどうしようと考えたら、なんか悲しくなったから」

しかし、そのことについては、あまり覚えてないという。忘れようと努めてきたことと、実際に彼女の中では「衝動的な事件」として、処理されてきたためだろう。翌日も普通に高校へ登校している。

卒業後の進路として、地元にある大阪短期大学への進学を希望するが、大学側から出願受け取りを拒否される。そのため、友人の勧めで大学側に出願を受けるよう署名運動を起こすのだが、大学からの返事は拒絶であった。しかし運動はその後実り、現在、大阪短期大学では障害者にも門戸を開くようになったという。

高校は出たけれど、四肢がほとんど動かない障害をもつ有希にとって、卒業後の選択肢はほとんどない。

「誘われたけど、作業所は嫌だったし。宗教の誘いも多かったけど『あなたは信仰してないからこんな病気で苦しんでいる』とか言われて。信仰してこの病気が治るんやったら、みんなやってるわって」

「障害者のありきたりな進路は嫌だったんだね」

「うん、そうかも」

　話を聞くほど、四肢の障害さえなければ彼女はいわゆる「普通」の女性として進学し、就職したのだろうと思えた。特に将来の希望がなくても、不況の昨今でも人はそれなりに就職していくものだ。しかしいわゆるフリーターにさえ、彼女はなることができなかった。

癒し系の障害者

　卒業後は、もっぱら家にいることが多かった。今でも多くの障害者が、在宅か施設かという二者択一の状況にあるが、有希も例外ではなかった。また、主たる介護者である母の苦労を考えると、我を通してまでやりたいと思うことがなかった。それは即、母への負担につながるためだ。

周囲に気を配り、相談にものってくれて、とてもやさしい。それが彼女の友人、知人に共通した有希の評判だ。高校時代の担任は「その一方で正直、本心をなかなか言ってくれないので困ることもある」と語る。とはいえ彼女に対しての大方の評判は良く、一緒にいて安心できるタイプだと皆がほぼ同じことを言う。

「癒《いや》し系の障害者だね」

「うーん……。でも小さい頃から、一緒にいる人をほっとさせる人になりたかったから」

高校卒業後は、翻訳の勉強や、近くの中学生の家庭教師などをしていた。友達の訪問も多く、それなりに忙しい時間を過ごしていた。

それでも定職に就きたい思いは強かった。求人のチラシはまめにチェックし、在宅でもできる仕事を探していた。一人暮らしにも挑戦したいと考え、高校時代の担任とともに借家を見て回ったりもした。

とにかく自立したい、できるだけ家族の世話にならないために。周囲に人一倍気をつかう有希の性格が、その行動によく現れている。生きていく自信を獲得しようとしていたのかもしれない。

ダイヤルQ[2]の募集広告を見たのは、そんな平成六年（一九九四）の秋だった。

「ああこれだと私でもできるわって、単純に思ったんですね。それでお母さんに相談して、その仕事をするようになったんです」

二、三の会社と契約した。基本的なシステムは、好きな時間にフリーダイヤルでその会社に電話し、ホストコンピューターで割り当てられた客の男と話をする。客は専用の有料カードで自宅などからかけてくる。一分あたり二〇円から三〇円、時間給にして一五〇〇円前後。障害の有無を問わない、割りの良いバイトだった。母は「本人の働きたい欲求が強かったし、他に良い仕事があるわけでもないし」と、そのアルバイトには特に反対しなかった。「エッチな話やとすぐ切るから、平気」と彼女は話す。

恋愛から求婚へ

しかし、やがてそこで知り合った男と有希は恋におちる。

彼はファーストフード店の社員だった。Q^{2}によくある性的な会話をしてくるわけでもなく、もっぱら仕事の話ばかりする真面目な印象の青年だった。それで初めて、会ってみようと思った。それからは頻繁に家にくるようになり、やがて彼は有希と同じ部屋に泊まるようになる。

「私の両親は、私が男の人からそういう恋愛対象になっているとは夢にも思ってないところがあるから、男の人が泊まることについては、なにも抵抗なかったんです」

障害者というだけで、周囲の目は彼女の異性関係をタブーとしてとらえる傾向があった。

初めての夜のことは、何も覚えていない。

「ホントに恥ずかしくてそんなん。早く終わってとしか思わへんかったの」

その彼は出会って三ヶ月目に、突然、指輪を用意して有希に結婚を迫った。

「そんなん突然言われても、そんな簡単に結婚でけへんでしょう。私は介助の問題もあるし。それでそんなん無理ですって言ったら、それから来なくなった。ホントはそんなに好きでもなかったし」

さらに、この年にはもう一人の男にも求婚されている。きっかけは大学受験を求めて署名活動していた彼女のことを、当時の新聞が地元欄に掲載、その記事を読んで連絡してきた若者だった。

「ぜひ会いたいからって言うから、一度会ってみたんです。それからも家に二、三度遊びに来るようになっていたんです。そしたら突然、結婚したいって言ってきたんです。

もちろん断ったけど、この年はこんなことばっかりで嫌やったなあ」

「癒し系だから、男の人に好かれるんだよ。まあ、好きじゃない人に思われるのは誰でもよくあることだし、これぱっかりは仕方ないね」

「なんか、私と付き合ったら、介護とか全責任を負わなアカンとか思ってしまうみたい」

「そこまで思い込まれると、かえって怖いのかな」

「そうそう。普通の恋愛がしたいだけやのに」

ダイヤルQ^{2}のアルバイトを始めたのも、彼女なりの積極性の発露だったのだろう。仕事の便宜性や経済性はもちろん魅力だっただろうが、それと並行して、やはり異性との出会いについても普通の女性同様、関心があった。

彼女にそう投げかけると、「でも、ダイヤルQ^{2}にかけてくるような男の人は嫌いやもん」と言う。確かに、彼女のその言葉に嘘はない。しかし実際はその相手の男と会い、一時的とはいえ親しく付き合っていた。だからといって、彼女がことさら淫らな女だといいたいのではない。

例えばそれは、恋愛対象とはこれっぽっちも考えないでボランティア気分で会いにくる男たちへの、障害を持った「女」としての積極的な反抗のようにも思える。「周囲に気を配ってばかりいる」と友人たちに評される彼女のその行動は、私には女性として非常に真っ当なことのように思える。

医師の淫行

K医師は、昭和五五年（一九八〇）に近畿大学医学部を卒業した。専門は外科。大学病院や総合病院で経験を積んだ後、昭和六二年（一九八七）に大阪南部で開業。妻の実家がここに土地をもっていたためだ。「肩こりを治す名医」として女性週刊誌に掲載され、阪神大震災のときは特別製の入浴車をボランティアで出し、美談として新聞に掲載されたこともあった。また警察医、学校医も勤めており、地元では名士的な存在であった。

そのK医師が有希の自宅へ往診しにくるようになったのは、平成五年（一九九三）頃のことである。K医院は有希の自宅からも近く、また母の腰痛が悪化して介助が困難になったために依頼した。当時、自宅近くでこのような在宅医療サービスをしている医院は他になかった。

腰を痛めた母の苦労を日々見つめている有希は、いつも申し訳なく思っていたが、有希は決してそんな思いは表には見せない。それは彼女が幼い頃から今まで培ってきた周囲への精一杯の思いやりであり、また人が自分から離れていくのを防ぐための、一種の処世術でもあった。

Ｋ医院に在宅サービスを依頼してから二年後の、平成七年（一九九五）二月一四日。この日の正午ごろ、有希は叔母や祖母と共に昼食をとるところだった。しかしその少し前から有希は目眩、吐き気を感じ、母にそのことを訴えた。母はいつもそうするようにＫ医院に電話し、往診を依頼。しばらくしてＫ医師は一人で有希宅を訪問した。有希の部屋では、母や祖母ら四人が昼食中であった。西本家では、従来から有希のいる寝室で食事をするようにしていた。

Ｋはそれに構わず、右手を下にして寝ている有希の首に手を回し、彼女を抱き起こしながら言った。「こうやってたまに起き上がらせるだけでも、目眩はちょっと違うんやで」Ｋは有希の寝たきりの日常が、目眩や吐き気を誘発していると考えていたのだ。

有希は、このＫの発言を聞いて泣き出してしまう。

「そんなことはわかってたけど、お母さんは私のために腰を痛めて気にしてるのにって思って。またお母さんに負担かけてしまうと思うと、どうしようもなく悲しくなって」

そんな有希の心情をわかった母もまた、有希の涙を見てもらい泣きしてしまう。福祉がいくら進んだとはいえ、こうした親と子の労苦はいつの時代もあまり変わらない。

すると何を勘違いしたのか、Kは「お母さんがおると話しにくいみたいやから、ちょっと二人きりにしてもらえますか」と母や祖母ら四人を、部屋から追い出してしまう。母らは途中だった食事を持って、居間に移動した。

二人きりになるとKは、ゆっくりと有希を横にした。しかし、Kは彼女の首に回していた腕を引こうとはしなかった。腕枕をしている状態になった。

「寂しいんやろ」

「えッ」

「同じ二〇歳ぐらいの女の子はみんな、彼氏と一緒にデートしたりして楽しく出かけてるのに、それができへんから、君は寂しいんやろ」

何を言いだすねんこの医者は、と有希が否定しようとしたとき、Kは、有希の唇に自分の唇を重ねた。そして有希のトレーナーをまくり、右手で有希の左乳房に触れた。有希は動く右手で抵抗しようとするが、その手は肩の後ろに回される。こうされると有希の右手は、自分では動かせなくなる。Kはそのことを知っていた。

痛くもなく、また何かを感じるわけでもない。人体を把握した者特有の柔らかな手つきで、Kは有希の乳房に触れ続けた。

騒いではいけないと有希は強く自制した。怖くて声が出なかったこともある。しかし、このことが母にわかることが辛かった。

有希の唇と乳房をもてあそんだKは、満足したのかしばらくして身を引いた。そして壁にもたれながら、変死体を検死したときの話、警察医の自分は警察ともヤクザとも仲がいいこと、ヤクザと警察の蜜月の話など、そんなことをポツリポツリと語った。どうやら脅しているつもりらしかった。それからまた、思い出したように再びKは彼女をもてあそんだ。

こうした行為を三回ほど繰り返した後、Kは「これからは有希ちゃんとは、恋人みたいな感じじゃやから」と母に言い残し、家を出て行った。

彼女はそれから、毎日のようにKの訪問を受ける。翌一五日に早速来訪し、風邪気味だった母に別室で点滴を施して動けなくした後、悠々とわいせつ行為に及んだ。行為はエスカレートし、自分の指を湿らせては、何度も有希の性器にその指を挿入するようになった。

こうして次の日も、またその次の日もKは有希宅を訪問し、同様に有希をもてあそんだ。さらにその翌週からは、母が仕事でいなくなる午後一時半を狙って来るようになる。わいせつ行為が始まった二月は、頼まれもしないのに実に九日間、だいたい平均して二日に一度は来訪している。何か深刻な病状でもない限り、普通では考えられない異常な回数だ。仮に依頼しても医師がこれだけ往診してくれるかどうかは、当時としては疑問である。

この頃のKの様子を近所の人も、「ポケットに手を突っ込みながら、散歩がてらという風に西本家に来ていた。なんか一風変わった医者だった」と記憶している。

Kはこのわいせつ往診だけでなく、有希にこんな話をしている。

「前にな、ぼく、薬物中毒の女の人を妊娠させてもうたことあるんや。でも、有希ちゃんには最後まではやらへんから」

事実とすれば大変なことだが、このようなことを患者に話すという神経も尋常ではない。

また、当時流行っていたポケットベルを深夜毎日のように鳴らしたりと、今でいうストーカー的行為も行うようになる。Kは妻子ある身だったが、まだ幼かったわが子の小学校受験を考え、妻子だけ大阪北部に住まわせ、自身は単身赴任していた。そのヒマと孤独を紛《まぎ》らわせようと、Kはラウンジやクラブから有希のポケベルを鳴らしては、有希に電話させていた。有希が電話しないと次の〝往診〟の際、「なんで電話せえへんのや」と責めた。

「あるときなんか、深夜に延々と一〇曲くらい、電話口で歌ってた。今日カラオケでうたった歌やとか言って。郷ひろみが多かった。もう、そのときはただ聞いて我慢するしかなかった」

翌三月は計一七日間も〝往診〟。実に二日に一度以上の頻度で、Kは有希宅を訪問していた。この間、Kは一度も診療をすることなくせっせとわいせつ行為にはげんでいた。信じられないことに、この往診に対する報酬は、助成制度によりその全額を税金で賄われていた。Kは障害者に対する医療助成制度を悪用し、税金での報酬を受けつつ、わいせつ行為を行っていたことになるが、彼にはこのあたりの倫理観がかなり欠如していた。それは後に彼が起こすことになる別の事件でもよくわかる。

結局、Kによる税金を投入した〝わいせつ往診〟は実に四ヶ月にわたって続いた。有希はその間、ただ耐えた。

一時は、Kを好きになりさえすればこの行為も楽になるのでは、と考えもした。しかし、どうしても好きにはなれなかった。

自殺未遂とわいせつ行為

Kの往診を断ることは、つまりは入浴も含めた在宅医療サービスの打ち切りを意味していた。ここに選択肢が非常に少ない、地方における在宅医療の問題がある。その医師に問題があったとしても代わりがないため、なかなか断りにくいのである。福祉制度が充実し選択肢も広がっていれば、今回のケースでは初期の段階でK医院を断り、他のサービスに切り替えることができたのだが、平成七年（一九九五）当時は往診できる医師がまだ少なかった。有希も耐えるほかなかった。

不眠状態が続いていた有希は、「もう逃げられない。とにかく、ゆっくり眠りたい」と思うようになる。そしてわいせつ行為が始まってから五ヶ月後の七月一五日深夜、ためていた睡眠薬六四錠すべてを飲み干し、自殺を図ったのだった。

その睡眠薬は「ぼくはカルテもごまかせるから」とKからもらい、そしてためていたものだった。

自殺が未遂に終わり、この事件が公になると、Kは泣きながら有希の両親に土下座し、謝罪した。そして地元議員二名の立会いのもと、Kは念書をしたためた。そこには毎月一〇〇万円の支払い、学校医の辞退などが、Kの自筆で明記された。

従来であれば、これでこの事件は闇に葬られたであろう。しかしそれから数日後、Kは何を思ったのか、反対に債務不存在で有希を訴えたのである。どういう経緯からかはわからないが、Kはこうして公の場で、自分の犯罪行為の裁きを受けることを、自分で選んだのだった。

訴訟を起こされたことを知った有希側も、すぐに裁判に打って出た。そのために早速、八人の弁護団が結成された。その中の一人、辻公雄弁護士は語る。

「とにかく最初は『無理して裁判しなくてもいいんやで』と、ぼくから彼女に言ったくらい。やはり当事者にはきつい裁判になりますから、彼女の健康状態、精神状態が一番心配やった。裁判をやっていこうと決まった後は、有希ちゃんの状態を考えての、早期決着が最大の目標になりました」

有希の状態は良くなかった。自殺未遂後、いったん回復はしたものの、白衣を見ると過換気の発作が起こった。原因は、ワイセツ行為を行っていたK自身が、白衣を着て行為に及んでいたことによる。眠ろうとすると自殺未遂のことを思い出すのでなかなか寝付けず、Kが追いかけてくる悪夢にも悩まされた。典型的な「PTSD（心的外傷後ストレス障害）」である。

しかし有希は、男性恐怖症には陥っていなかった。裁判開始後に受診したカウンセラーによると「白衣などの白いものに対して拒絶反応を示すだけで、Kと他の男性との区別ができていた」ためだ。

しかし入院は半年以上にもおよび、そのため筋力が低下。それまでは手書きで文章も書いていたのが、満足に手も動かせなくなってしまう。裁判の初公判は病院からの出廷となった。

また有希側からは刑事告訴もしていたため、検事による事情聴取も有希の入院先で行われた。しかし、刑事事件としての立件は見送られる。有希の健康状態も考慮し、民事での審理が妥当、と判断されたのである。

わいせつ裁判の行方

前述した具体的なわいせつ行為の内容については、有希の本人尋問で初めて明らかにされた。ＰＴＳＤによる発作が出るため、事件についての具体的な内容は弁護士にも話せていなかったのだ。「最後まではされてないから、安心して」とだけしか、母も聞いていなかった。その内容と有希の精神状態を考えて、証人尋問は非公開とすることも検討されたが「ここまできたら公開して、みなさんに知ってもらいたい」という有希の希望で、尋問は始まった。

相手側弁護士が言葉に詰まるほど、証人尋問の際の有希はいつもと違って強気だった。裁判記録から、Ｋ側弁護士による反対尋問のようすを少し抜粋してみる。Ｋが有希のポケベルに、無理やり自分の番号を打ち込んだ事実についての質問だ。

弁護士（以下、弁）「それ（わいせつ行為）が終わったあとに、なんかコードレス電話に、原告（Ｋ）のポケットベル番号を登録したとか、おっしゃいませんでしたか」
有希「だからポケットベルに登録したんです」
弁「ポケットベルに」
有希「ポケットベルの仕組みをご存知ですか」

弁「いやいや、持ったことがないんでね、ちょっとそれ分からないんですけど」
有希「御説明しましょうか」
弁「まあいいです。なぜ原告（K）がそういうポケットベルに関して、そういう行為をしたのかという理由を説明しましたか」
有希「（Kが自分で）打ち込んで、かけてきてって」
弁「なぜ」
有希「そんなこと、私にはわかりません」
これら有希の証言に対して、K側は「見捨てられ感情」「狂言自殺」「病的虚言症」「演技性人格障害」などと有希を非難中傷し、人格攻撃を法廷で繰り広げた。

判決への道のり

一審判決は提訴から四年後、平成一一年（一九九九）一〇月六日に言い渡された。結果は有希の全面勝訴、Kに計六〇〇万円の支払い命令。しかしすぐにK側は控訴、今度は舞台を大阪高裁に移した控訴審が始まった。

辻弁護士は最終弁論において、涙を流して所々詰まりながらも、裁判官に早期判決を訴え、控訴審は計六回で結審した。

あとは判決を待つだけだったのだが、ここにきてなぜか和解勧告が出された。この和解交渉は半年にも及んだが、結局、交渉は決裂した。しかし、それでも裁判は決着がつかなかった。辻弁護士は語る。

「今度は裁判官が和解交渉の途中で全部、交代したんです。まったく常識では考えられんことです。控訴審の結審のとき、裁判官が『私たちは一ヶ月に三〇件も訴訟を抱えて忙しいんです』って言うたんですけど、それは裁判官の方の問題で当事者には関係ありませんやん。しかしまあ裁判官が多忙なのは確かやから、そのために裁判官が当事者の心情を理解できないという弊害が起こってきています。日本の裁判の長期化は、ほんまに由々しき問題です」

事実、裁判はこの時点で六年目に入っていた。有希は人前では元気に見えた。

「でも、夜になるとなんでもないのに涙流してたりね。発作もよく起こっていつ息とまるかと心配で。身近にいる者としては、もう見てられないくらい、苦しんでいました」

と母は語る。

そして平成一四年（二〇〇二）二月二一日、ようやく判決が下ることになった。

判決は午後一時に出る予定だった。法廷前へ行くと、有希の支援者たちが五〇人ほど詰め掛けていた。その多くは小学校からの同級生や、彼女に関わった介助員たちだった。時間になったため、皆が傍聴席に入る。

私がふと横を見ると、K側の弁護士は三人になっていた。最高で八人いた弁護士は、交代を重ね、最後は三人にまで減っていたのだった。ある弁護士はこう語る。

「実は狂言による冤罪の可能性もあるということで、当初はKを信用して弁護団を組んでいたのですが、途中から『どうもKの言っていることの方がおかしい』ということがわかり、弁護士が抜けてしまったんです」

法廷に入ると、すぐに太田幸夫裁判長が主文を読み上げ始めた。

「原判決第一事件についての控訴を棄却する。……あとは、原判決に記載してありますから」

その間、二分ほどだ。さっと法廷から出ていこうとする裁判長に、辻弁護士が「判決文、早よ作ってくださいよ」と声をかける。一瞬キョトンとした太田裁判長は、ああハイハイという風に頷《うなず》くと、黒い法衣をひるがえし、さっと奥の控え室に消えていった。

呆気ない幕切れだった。

判決文によると、ワイセツ行為に対しては、Kに対して三〇〇万円の支払い命令。つまり勝訴だった。

賠償金については一審判決から半額に減額された形だが、「これは仕方ないです。横山ノックのセクハラ裁判でも、わいせつ行為に関しては二〇〇万円だけなんです（他は名誉毀損）。わいせつだけでは、これでも高いほうなんですよ」と、辻弁護士は話す。

「これからは前向きに、そして穏やかに今後の人生を過ごしたい」と、有希は詰め掛けた記者たちに話した。

「『穏やかに』っていうのは、これまではちょっと精神的にしんどかったから、これからは落ち着いて静かに暮らしたいという意味で使ったんです」

「判決を聞いてどう思った」

「とにかくほっとしました。認められなかった部分もあって、不満は残りますけど」

「裁判で言えなかったこともあったしね」

「そう。私が何の男性経験もないというのが前提で裁判が進行してたから、それは気になってたけど。でも私的なことはそんな、人に話すのは恥ずかしくて。周囲の人には申し訳なく思ってますけど」

「障害をもつ女性については、まだまだタブー視されている領域だしね。プライベートなことを、ことさら直接、大勢の人の前で話す必要はないよ。普通なら両親にも特に話さないものだしね。裁判でも特に聞かれてなかったし」

「そうですね……。この間、一〇年間想いつづけた恋人と再会するっていう映画を観たんですね。そしたらその帰り、私も映画と同じように、一〇年ぶりに思い出の人とばったり街中で再会したんですよ。こんなことってあるんですね」

「それをきっかけに、また新しい恋が始まるといいね」

「はい」


その後、K医師は地元で開業医を続けていたが、隣町に自身が建設しようとしていた福祉施設の建設費を水増しして申請、大阪府と国からの補助金約六億円を騙《だま》し取ったとして、有希との裁判から二年後の平成一六年（二〇〇四）、ついに逮捕された。

それを受けて三年後、Kは医師免許取り消し処分を受けた。同年に免許取り消し処分を受けた元医師たち五人は、全てわいせつ罪を受けての取り消し処分だったが、Kはその理由を「詐欺など」と発表された。あのとき他の医師と同様にきちんと断罪していれば、大阪府と国も六億円もの金を騙し取られることなどなかったかもしれないのだが、今さらいっても詮無《せんな》いことであった。

流氷の天使

西本有希はその後、電話による占いや人生相談の仕事を在宅で始めた。障害者セクハラ裁判を闘った当事者として、時折マスメディアに取り上げられることもあった。しかし、やがて全身の激しい痛みと呼吸困難、感染症などで頻繁に入退院を繰り返すようになり、ついに平成二〇年（二〇〇八）九月二一日、大好きだった自宅で静かに三四年の生涯を閉じた。延命処置を拒否した結果の死だった。

幼い頃から何度も生死の境に立たされてきた彼女だが、家族以外の人の前ではまったくそのような素振りは見せなかった。それは彼女なりの美学だったのであろう。

亡くなったその年の暮れ、私は数年ぶりに彼女の自宅を訪ねた。当時のままベッドが置かれた部屋は、彼女が生活していたときと同じように保存されていたので、私はまだ彼女が生きているのかと驚いた。しかし、今は有希の妹が使っているのだと聞いて安堵した。彼女が最期まで過ごしたその部屋に入ったとき、まだ彼女が生きているような、体温を感じるかのような錯覚に陥って私は混乱したのだった。

まだ骨壺が置かれたままの仏壇に、手を合わせた。彼女の母は「何か、まだお墓に入れるのが忍びなくて……」とつぶやいた。私は何か祈らなければと考えたが、何も考えることができなかった。

そういえば、彼女はクリオネが好きだった。クリオネとは、自分で泳ぐことがほとんどできないまま、流れに逆らうことなく極寒の海に生きる微小な生物である。その可憐な姿から「流氷の天使」とも呼ばれるが、彼女は、家族や周囲の人々にとってまさに「世情を漂うクリオネ」とも言うべき存在であった。そしてまた有希自身も、そういう存在であろうと努めた。とても我慢強い人であった。

私は目を閉じ、仏壇に手を合わせながら思った。だからこれからはクリオネを見るたび、君のことを思い出すことにしよう。

私はそれを、祈りに代えた。

第五章　「花電車は走る」——ストリッパー・ヨーコの半生

花電車への喝采

踊り子の残り香漂う舞台に小さな照明があたると、やがてアナウンスが告げた。

「本日はご来店いただきまして、まことにありがとうございます。続きましてはヨーコ、炎のヨーコの登場でございます。皆さま温かい拍手を、お願いいたします」

照明が明るく照らされたものの、なかなか踊り子が出てこない。客席にやや白けた空気が漂ったころ、リズミカルな音楽と共に一人の女がすたすたと歩いて現れた。これからファイヤー・ヨーコによる花電車ショーが始まる。五〇人も入ればいっぱいになる観客席の中ほど、ベンチのような長イスに私は腰掛けた。

花電車とは、女性の性器に筆を挟んで字を書いたり、入れたタンポンから糸を出し、その糸を手で引っ張って林檎《りんご》を切ったりするストリップ芸を指す。日本では珍しくなったが、今でもタイなどアジア諸国では見ることができる。

日本でのルーツは諸説あるが、大正時代に大阪の飛田遊郭のお座敷芸として始まり、昭和三一年（一九五六）の売春防止法成立後にストリップ芸になったといわれている。そんな陰の伝統芸だが、「大御所」と呼ばれた芸人たちは次々に引退してしまい、今や日本では場末で数人がひっそりと続けているだけである。

花電車の名の由来は、俗に「チンチン電車」と呼ばれる路面電車が、いっぱいの花を飾り立てて走ることを「花電車」と呼んだところからきている。何かの宣伝のときや祝いごとがあると路面電車を花で飾り立てて街中を走らせたのだが、このときは客を乗せないため、それが隠語として使われるようになった。つまり花電車は客を乗せない＝本番行為はしないという意味だ。遊郭でのお座敷芸だった頃の名残《なごり》でもある。

そしてマスコミに出るのを厭わず、深夜のテレビ番組など公けの場でも活躍しているのは、現在ではヨーコただ一人である。踊れなくなった中年ストリッパーによる場末の花電車芸に比べて、その芸は洗練されている。名実ともに「花電車芸人の顔」といって良い。

しかし〝公けの場〟といっても、実はストリップ自体が非合法であることは意外に知られていない。経営者や踊り子、照明係などの関係者たちはいつ警察に引っ張られるかわからない状況にあり、現に平成二〇年（二〇〇八）も埼玉と東京渋谷にある老舗《しにせ》ストリップ劇場が摘発されている。逮捕理由としてよくあるのは、時として劇場が経営の苦しさから性風俗サービスを行っている場合だが、この二店はそんなサービス行為をしていなかったのに摘発されている。つまり、ただ踊ってあそこを見せるだけでも公然猥褻罪で摘発される運命にあるのがストリップである。

しかし、ウェブ上で本番・無修正映像が流されているこの時代に、今もストリップ劇場に対して公然猥褻罪を適用しているというのは、現代における公然猥褻の矛盾を現している。いってみればストリップ劇場と警察だけが、時代に取り残されているのだ。

ストリップ界の現状は、数年前までAV出身の踊り子たちで一時的に賑《にぎ》わったものの衰退の一途を辿っており、一部の根強いファンの男たちに支持され細々と興行を続けているに過ぎない。この先細りしているストリップ業界で、劇場を文字通り〝明るくさせている〟のが、ヨーコだ。

花電車芸人の中でも彼女がもっとも有名なのは、あそこから火を噴く芸をもっているからだ。それも三メートルほど噴き上げるのだから、大げさではなく小型の火炎放射器だ。これほどの火を股から噴くことができるのは、花電車史上、ヨーコだけだ。だから彼女は、「炎のヨーコ」「ファイヤー・ヨーコ」「ファイヤー姉ちゃん」などと、勝手に客から呼ばれている。

舞台で初めて見たヨーコは、漆黒の長い髪にすらりとした足、がっしりした上半身はまるで欧米の踊り子のようだった。身長は一六三センチほどだが、舞台ではもっと大きく見える。フラメンコ衣装がよく似合うだろうと思わせる、日本人には珍しいシルエットである。

八つの出し物

最初の余興であるダンスが終わると、小物のたくさん入った安っぽい買い物カゴを手に、再びヨーコが登場した。今日の客は五、六人と入りは鈍いが、劇場は五〇席ほどと小さいから、そう少なくは感じない。客の中にはカゴを持って登場したヨーコに「一体なにすんねん」と訝《いぶか》しげな顔を向けている人もいる。ヨーコの基本的な出し物は八つほどだ。

ラッパ＝股に咥《くわ》えた玩具のラッパの演奏、客とカッコウを合唱。

クラッカー割り＝タンポンを挿入し、その先についたチェーンにクラッカーの糸を結び、客に真下に引っ張ってもらってパンと鳴らす。

オロナミンC栓抜き＝仕組みはクラッカー割りと同じで、クラッカーの代わりにオロナミンCの栓を抜く。オロナミンCは手伝ってくれた客がもらえるが、もらえない他の客への配慮もあり、いつもぬるくしてある。

鉛筆折り＝鉛筆を股に挿し、開脚前屈して床に押し当てて折る。最大で一〇本同時に折ることができる。

スプーン曲げ＝某大手カレーチェーン店のスプーンを鉛筆折りと同じ要領で曲げてしまう。スプーンの太くなった先が股に入る。

タバコ飛ばし＝筒を使ってタバコを客に向けて飛ばす。

吹き矢＝吹き矢で三つの風船を割る。

ファイヤー＝アルコールランプを前に置き、特殊な火薬を使って股から炎を噴き上げる大技。

この八つの出し物をいつも全てするとは限らないが、いくつかをその日の客数、客筋を見極めて選ぶ。一つ一つの芸にまつわるエピソードはそれこそたくさんある。

吹き矢ショーでは時々、客に舞台に上がってもらうのだが、あるとき知らずにヤクザを上げてしまったことがある。運悪くそのときに限って失敗し、ヤクザに吹き矢がぶすぶすと突き刺さってしまった。男は極道のプライドからか、客の前だけに怒れないで帰ったが「酔っ払っていたとしてもあれは相当痛かったやろな」と、ヨーコは苦笑いする。

また同じ吹き矢ショーでは、非番で見に来ていた劇場近くの交番の巡査を上げてしまったこともある。劇場マネージャーとその巡査は、会えば頭の一つも下げる仲だったのだが、そんなことまでヨーコは知らなかった。舞台に上げるヨーコもヨーコだが、上がる方も上がる方だと、劇場マネージャーは青い顔をしてつぶやいた。

花電車芸としては他に、番外編として「お股ウェイトリフティング」「台車引き」というのもある。芸の内容はその名称でだいたい想像つくかと思うが、これは数年前、ドイツのベルリンであったストリップ博覧会で披露し、ドイツ人にやたらと受けたコンベンション向けの大技だ。しかしヨーコが出演できるコンベンションがそういくつもあるわけではない。

お股からの炎

舞台でもっとも盛り上がるのは、やはりファイヤー・ショーのときだ。その前にヨーコが口上を切る。

「消防法など完全無視のこの芸、なんとお股から火を噴き上げてみせます。前に座っているあなた、そうあなたですよ。危ないですからくれぐれも、前に身を乗り出さないでくださいね。大丈夫?」

えっえっ、と驚くかぶりつきの客。くすくすと笑いがおこる。反対に「よーしッ」などと言ってわざと舞台にかぶり付く男もいる。しかし実際にある劇場で客の眉を焼いて盛り上がったことがあるから、あまり身を乗り出さないほうが良い。それにしても、ストリップそのものが非合法なのに、消防法まで無視しているのだからたいしたものだ。

ところが冗談の通じない心ない客が通報してしまい、本当に消防署員が駆けつけてきたことがある。しかし火炎放射器があるわけでもない、注意のしようもなく消防署員は帰っていった。「消防署には通報するなって言ってんのにッ」と客には注意したが、内心ではいいネタができたとヨーコはかえって喜んでいた。客に注意したのは、ただでさえ警察にいじめられている劇場に迷惑がかかるからだ。

「見事お股から炎が上がりましたら、みなさんご一緒に『ファイヤー!』と叫んでくださいねッ」

そう言うとヨーコは用意を始める。舞台の床にすわると、腰からお尻にかけてクッションをかませ、姿勢を安定させる。そして股を大きく開け、アルコールランプに火をつけて前に置き、タバコの葉を詰めて吸うパイプのような筒を右手で支えながら性器に咥えさせる。そして左手を高くあげ「いくよッ」と大声で叫ぶと、照明係がその声を合図に素早く舞台の照明を消す。すると……。

ボボボーッ!

純粋な「火の音」を聞くのは、これが初めてかもしれない。ぶわーっと湧き出るように噴き上がる炎。歯を食いしばって股から炎を噴き上げるヨーコの顔が炎に照らされる。鬼気迫る光景だが、ヨーコの顔は目鼻立ちがくっきりしているから、どこか神々《こうごう》しく、そして美しい。

「おおーッ」という客の感嘆。冷静に笑っているのは常連客だ。股から炎が噴き上がった途端、ぱあっと舞台が明るくなるので客の反応が面白いようにわかる。

炎をさっと消すと、次にヨーコは左手を振り上げ、顔を天に向け、漆黒の長い髪を振り乱しながら「ファァァイヤーーーー！」と声の限り絶叫する。大げさでなくまるでオペラの大悲劇、クライマックスを見ているかのような既視感にとらわれる。前のまだ笑える小技に比べ、噴き上がる炎の迫力からくる驚きとこの絶叫がそう感じさせるのだろうか。

「こらッ、『ファイヤー』言わんかい」

素に戻って、驚いている客を笑いながら叱るヨーコ。「しゃあないな、もう一回いくで。言うまでやるからな」と、笑いながら再び準備するヨーコ。まだやるのかと客は呆気にとられながらも、彼女の手元を呆けたように見つめるのだった。

波瀾の半生

ヨーコの話はなんでも面白い。もともと高知市にあったヨーコの実家は置屋《おきや》を営んでおり、父がそこの主人をしていた。置屋とは昔の売春宿のことだ。

「母が色街で呑み屋をやっていて、父は置屋を持って働かずに、母のヒモをしてました。

私は色街で生まれ育ったわけですけど、他にもそういう境遇の子はいたから、当時はとくに変に思いませんでしたね。それが普通だったから」

ヤクザな父は三回の結婚でそれぞれ二人ずつ計六人の子供がいたが、ヨーコはその中で末っ子になる。

勉強はよくできたので、アウトローたちが集まっている色街という環境の中では、まるで神童のように見られていた。そのため親の見栄もあり、地元で「ええとこの学校」として有名だった私立小学校に入学、置屋の実家から通っていた。しかしそんな「ええとこの学校」も六年生、あともう少しで卒業というときだった。父の女癖の悪さと暴力のために父母が離婚、母が親戚のいる大阪に逃げることになったので、一緒に付いて行くことになった。結局「夢のお嬢様学校」も中途退学だ。

「それから大阪の公立中学校に入りましたけど、先生とうまくいかなくて、三ヶ月で義務教育も自主退学。それで働こうと思って、最初は靴工場で働いていたんです。そしたらブラックジャックのディーラー募集のチラシ見て、そのときまだ一三歳やったんですけど、年齢いつわって働き始めたんです」

これがショービジネスとの付き合いの始まりだった。その後もいろいろな仕事をする一方で、勉強は好きだったので大検をとって大学に入りたいと思い、準備をしていた。しかし母は進学に興味がなく援助してくれない。そこで高知で置屋をやっている父に電話した。「大学に行きたいから、少しお金貸してくれへんか」

しかし父は「どこにそんな金があるんじゃ。行きたかったら自分で働いて行け」と吐き捨てるように言った。この、娘の将来をなんとも思っていない言葉にヨーコは父を激しく恨んだ。だからそれきり今まで、父と会うことがない。

それじゃあもっとたくさん稼いでやると、新地の高級クラブでホステスを始めた。稼いだ金は母に預けて管理してもらっていたのだが、しばらくして金のことを訊ねると、全てパチンコと男に貢いでいて一銭も残っていないことがわかった。結婚しないと決めたわけではないが、ヨーコは「もうええわ、一人で生きていこ」と思った。

ただ、堅実にホステスを続けていても売り掛けはたまる一方だった。売り掛けとは「客のツケは担当ホステスが背負う」というクラブ暗黙のルールで、これが二〇〇万円ほど溜まっていた。そして相変わらず、一緒に食事に行くと酔った振りして襲ってくる客たち。そのたびに「ええ加減にせえッ」とはねつけていたが、いい加減この仕事に飽き飽きしていた。

それで借金返済も兼ねて、売り掛けのない水商売に移ることにした。移った先はその頃、関西で話題になっていた「チチノヤ」。おっぱいを出して牛丼を食べさせるだけというふざけた店だったが、これがなかなか繁盛していた。平成二年（一九九〇）頃の大阪では、こうしたマスコミ受けする変わった店が次々と開店していて、二、三年ですぐ潰すということを繰り返していた。

当時、大阪の中学生だった私も「チチノヤ」の噂は聞いていた。それほど有名な店だった。ませた悪友たちはスポーツ新聞の風俗欄を教室に持ってきて騒いでいたが、女の乳房を見ながら牛丼を食べるという趣向の何がそんなに良いのか、まだ中学生だった私にはまったくわからなかったことを覚えている。

同じ系列店で「オイドナルド」という店でもヨーコは働いていたが、これは当時の日本マクドナルド社から抗議がきてすぐに名を変えている。「おいど」とは大阪弁で「尻」のことだ。ただ語呂《ごろ》を合わせただけで、当時のマクドナルド社からの抗議ももっともなことだった。しかしこのショーパブの仕事を頑張ったおかげで、ホステス時代の売り掛けの借金も三ヶ月ほどで完済することができた。

ストリップデビュー

ヨーコが花電車芸人としてストリップデビューするのは、このショーパブがきっかけだった。ある店で股に咥えたおもちゃの笛を吹いたり、ライターのガスを女性器に吸い込ませて小さな火を吹いたりするショーがあり、練習する機会があったのだ。

花電車のすべての基本は、膣圧の強さと空気の出し入れにある。子宮の上下動で膣内に空気が出し入れされるというのがその原理で、コツは膣の入り口を弛緩させた状態で腹直筋だけを緊張させて凸状に腹筋を上げる。そうすると子宮があがり、膣内に空気が入る。そして腹直筋の力を抜くと子宮が下がり、空気を押し出す。おもちゃの笛を吹くくらいなら、練習次第で女性なら誰でもできる。

ヨーコは笛吹きだけでなく火噴きまでやってみたが、初めから簡単にできた。このときはライターのガスを吸い込んで火を噴いていた。もともと背筋力一八〇キロと、男性なみの筋力があったことも大きい。

そしてさらに大きな火が噴けるようにと、火薬を入れるパイプをハンダ付けして、ファイヤー用に自作してみた。試行錯誤の後、やがて火傷《やけど》を負わずに大きな炎を噴き上げることができるようになった。

ハンダ付けして火噴き用パイプを自作してしまう器用さも才能の一つだが、現在のヨーコの圧倒的な花電車芸の秘密は、〝膣力〟が誰よりも強いということに尽きる。

たとえば深夜テレビの企画で「膣圧計」というものを試してみたら、針が限界を振り切って測定不能。さらに、締りをよくするために作られた「膣圧強化器」というつるつるしたタンポンのような器具があるのだが、これは表面が滑りやすいので普通の人なら一秒も保持できない。それを保持できるよう何度もしていると結果的に膣圧が高まるというものだが、ヨーコはいつまでも保持できるのでトレーニングにならない。プラスチック製の電動コケシは音をたてて折れ、飛び出す吹き矢は時速一八〇キロをマーク。まさに〝第三の手〟である。

「子どもの頃から漠然と、全国をまわってそこそこ注目される仕事につくとは思ってました。勉強も好きだったし、突き詰めなければ気がすまない性格だったから、学者までいかなくてもせめてスチュワーデスにはなれるかなあって。今は確かにそこそこ注目されて全国を飛び回ってますけど、まさか日本全国であそこから火を噴いてまわることになるとは思わなかったです。でも赤線街の置屋で育ちましたから、よく考えてみると何の不思議もないんですよね」

ショーパブの仕事も面白かったが、お触りサービスのあるのが嫌だった。ちょうどそのときストリップに転職する同僚がいたので、彼女の誘いもあってこの世界に入ることにした。ヨーコにとってストリップの世界は何より不快な客からのお触りがなく、好きな芸を見せるだけで稼げる理想的な世界だった。

非合法ではあるがストリップは舞台のプロであり、確実に日銭《ひぜに》が稼げる仕事でもある。ヨーコは「これは天職だ」と思った。ちょうど三〇歳になっていた。

病床の父との再会

平成一八年（二〇〇六）秋、ヨーコは旅回りの途中で、久しぶりに故郷の高知を訪れることにした。愛媛の道後温泉にある劇場に出た後、車で大阪に戻る途中に寄り道することにした。置屋でヒモをしていたあの父が、もう長くはないと腹違いの姉から聞いたのは少し前のことだった。

道後の劇場を見に来ていた私は、そのままヨーコの里帰りに同行することになった。「ぜんぜん帰ってないから、誰かと一緒の方が帰りやすいし」と、ヨーコは同行する私に何気なくつぶやいた。本心かもしれなかったが、彼女の細やかな気配りとそのサービス精神に、彼女が経験した今までの苦労が何となく察せられ、私はかえって複雑な気持ちになった。

娘の将来をなんとも考えていない、心無い言葉を電話で聞いてからは父を恨み、縁を切ったつもりでいた。しかし以前から、舞台でファイヤーをするときのパイプを作った手先の器用さや、興味をもったらとことんまで追究してみたくなる性格は、父によく似ていると気づいていた。一三のときから客相手の商売を始め、いろんな男に出会って別れ、そして舞台で股から火を噴く頃になると、今までわからなかったこと一つ一つがわかるようになっていた。三度の結婚と離婚を繰り返してきた父のことも、そうした生き方しかできなかったとても不器用な人だったのだと思えるようになった。

「もう危ないんやったら、一度会ってみても良いかなと思って」と、ヨーコは旅まわりに使っている、古い小さな車を運転しながらそう言った。

高知に着くと、そのまま父の入院している病院に二人で向かった。

市内でも古くからある総合病院の受付に訊ねると、父は「介護療養型入院病棟」にいると言われた。入院患者のほとんどが認知症老人、つまり現代の「姥捨て山」のようなものだ。今や映画でしか見ることのできなくなった時代物の通路とエレベーターをへて父のいる病棟に着くと、大部屋ばかりの古く雑然としたフロアに出た。そこでは顔に脂汗をにじませ、眉間に皺をよせたヘルパーたちが忙《せわ》しなく動いていた。訊ねてみたが部屋がわからない。看護師は階下に一人いるだけだという。そこまで再び下りて、名前を言ってようやく病室を教えてもらった。

父は大部屋で寝ていた。六人ほどが詰め込まれている大部屋の片隅だった。白髪はぼさぼさに伸び、歯がすべて抜け落ちていた。外見が一変しているであろうことは、初対面の私でもじゅうぶん推測できるほどであった。

「お父さん」

「あー」

「ヨーコです、わかりますか」

「……わからん。あたま痛い」

何度かやり取りするが、昏睡と目覚めを繰り返すばかりで、一向に要領を得ない。認知症がかなり進んでしまっているようだ。

ヨーコによると、大柄でヤクザな人だったが、今はひどく痩せてしまって見る影もないという。ただ、やたらと多かった髪は抜けずにそのままふさふさとしていて、外見はお婆さんのように見える。「すごく髪の毛の多い人だったから、そんなところに面影が残っているかなあ」と、ヨーコはつぶやいた。

「ほら、鼻なんか上向いてるでしょ。母はきれいな人なのに、私は父のこんなところばっかり似てしまって……」

下戸《げこ》で甘党だったと覚えていたので、道後のみやげと持ってきていた芋あんの「きんつば」を砕いて口に入れてやった。白髪の老人は、その時だけは歯のない口を力強く動かして、むしゃむしゃと食べた。かつて置屋の主人で、ヒモをしながらこの辺りを取り仕切っていたヤクザな男にはとても見えなかった。今は性別不詳の、小柄でやせ細った寝たきりの老人である。

二一年ぶりの再会も、初めは他人の目もあって気丈に振舞っていたが、部屋を出た途端、ヨーコの瞳から滂沱《ぼうだ》と涙があふれた。廊下のベンチに座ったまま、ヨーコは静かに嗚咽《おえつ》をこらえながら泣いていた。私は持っていたハンカチを出して渡した。

子は親を選べないけれど、与えられた決して平凡とはいえない環境の中で、できるだけ真っ直ぐに生きてきた、一人の女の横顔だった。狂気と正気の狭間で、綱渡りをするかのように生きてきたのだ。私はヨーコのために涙を流した。

翌日の昼、実家だった置屋も訪ねてみた。昔の赤線街だったそこはソープ街になっていて、実家も取り壊されてソープランドの駐車場になっていた。三度も結婚していた父の親族たちが、いつの間にか土地を売ってしまったようだった。タクシーで乗り付けると、呼び込みの黒服が客と勘違いして飛び出してきた。

年の瀬のファイヤー

激しいダンス音楽にのりながらラストに股間を広げると、それまで股間から出る「ファイヤー」のためにひいていた客たちも、安心した顔で身を乗り出し、ヨーコの股に顔をうずめるかのように舞台に向けて顔を寄せ合う。

私は客席の隅で、ヨーコを見ていた。あの高知で見せた横顔とは違い、赤青黄色の照明に照らされた彼女は健康的で明るく、とても楽しそうだ。

ヨーコも四〇歳を越えた。旅回りの花電車芸で酷使するために身体はボロボロで、手術と入退院を繰り返している。だけどこの仕事は定年もないことだし、客に見放されるまでは続けようと思っていると、彼女は言った。

年の瀬は芸人の稼ぎ時だ。劇場以外に地方のスナックも精力的に回る。ヨーコに興味をもつ客もいれば、そのままびっくりして帰る客もいる。それでもヨーコは股間を突き上げては炎を噴き上げる。そして狭く暗い劇場の天井を仰ぎ、何かを求めるように、何かを突き放すように、手を頭上に振りかざしながら今この瞬間も「ファァァイヤーーーッ」と絶叫している。エンディングに流すのは、いつもドイツ出身のテクノバンド・スクーターの「ファイヤー」。

もちろん、ノリは最高。

第六章　皮田藤吉伝——初代桂春團治

落語との出会い

昭和四八年（一九七三）大阪生まれの私の幼い頃の劇場の思い出といえば、母親に「なんば花月」へ連れて行ってもらったことだ。漫才ブームの到来前夜という頃で、日曜日だというのに、まだ劇場も静かなものだった。

なんば花月は、現在の「なんばグランド花月」の建っている場所ではなく、大阪高島屋の近くにあった。老朽化が進んでいて、何となく気分も暗くなるような古い建物だったのを覚えている。

客の目当ては漫才で、その合間に落語が出る。本来は逆なのだが、上方では漫才の盛行と落語の衰退が同時期だったので、今では逆に落語が色物となっている。

まだ幼かった私は、落語が出てくると決まって「古臭くて嫌だな」と思ったことを覚えている。子供にとって、江戸時代の小噺《こばなし》は退屈なものであった。母もそうであったようで、ひとしきり漫才を見た後、「落語見るか」と私に訊ねたのだが、私は「いい」と言って見なかった。劇場を出るつもりでなかったら、わざわざ訊ねなかっただろう。

そのとき覚えているのは、くすんだコンクリート壁の階段を降りる際、明るい照明の下で始まったばかりの落語を扉越しに一瞬だけ、見かけたことだ。演者が誰だったのかは覚えていない。しかし、そんな情景だけをいつまでも覚えているところをみると、好きでなかった落語ではあるが、その瞬間、心変わりして見たかったのだろう。

その後、父が家を出ていってしまったこともあり、劇場へ足を運ぶような家庭的余裕がなくなってしまった。だからそれ以来、私はテレビで漫才を見ることはあったが、寄席はもちろん劇場にもほとんど足を向けたことがない。

しかし最近になって、偶然に落語を聴く機会があった。後でわかったのだが、それは立川談志「野ざらし」の録音であった。何か自分のことを言われているような、奇妙な実感のともなう、せっかちでとぼけた男が主人公の噺《はなし》である。

それをきっかけにしてぼんやりと、かつてのなんば花月のこと、そして上方落語の懐《なつ》かしい顔ぶれが思い出されてきた。よく見ていたのは、四角い顔で有名な笑福亭仁鶴だ。坊主頭でいつも変な顔をする桂枝雀もよく覚えている。

笑福亭といえば、昭和六一年（一九八六）に亡くなった六代目笑福亭松鶴は、よく弟子の鶴瓶のテレビ番組に引っ張り出されていた。下町の商店街を歩いていそうなこの変なおっさんは誰やろと思っていたが、あれが松鶴だったと気がついたのは最近である。後年は脳梗塞で喋《しゃべ》りにくそうにしていたが、それがまた味があった。借金取りが楽屋に出入りした、噺家としては最後の無頼派である。

また桂米朝の上品な語り、桂文枝の底抜けに明るいふくよかな顔、三代目桂春團治《かつらはるだんじ》のシュッとした潔い羽織の外し方など、漫才全盛期に育ったというのに、いったいどこで見ていたのかと我ながら不審だがよく記憶している。それにしても、思い出した人がそれぞれ上方落語四天王と呼ばれており、消滅しかけていた上方落語を牽引していた師匠連だったこともまた、感慨深いことだ。

そこから気になったのは、初代桂春團治である。「芸のためなら女房も泣かす　それがどうした文句があるか」という唄のモデルになった、伝説の噺家だ。渋谷天外、藤山寛美、藤田まこと、沢田研二らによって喜劇になり、森繁久弥主演で映画にもなっている。

だから初代春團治の名は知っていたが、興味を持つようになったのは、死後何十年たってても舞台に掛けられるその生き方はもちろんなのだが、偶然、彼が路地出身の噺家であると知ってからだった。路地とは被差別部落のことである。

「王将」阪田三吉と春團治

同じ大阪の路地出身の著名人では、「王将」で知られた棋界の阪田三吉がいる。春團治は、この阪田三吉から八つ年下で、ほぼ同時代を生きた人といって良い。この阪田三吉と春團治には、それぞれに共通点がある。

ほぼ同時代にその道を一代で極めたこと、文盲であったこと。苦労を共にした妻がそれぞれしっかり者であったこと、無頼派で奇行が多く、亡くなった後に劇や小説のモデルとしてよく取り上げられたこと、そして二人とも路地の出身であったことなど、挙げればきりがない。違う点といえば、春團治の方が女遊びが派手であったことくらいだ。

「銀が泣いている」という名言を残した阪田三吉が生まれ育ったのは、堺にある舳松《へのまつ》という路地である。

路地そのものは塩穴と呼ばれていたが、舳松という本村についていたので、地名変更後は舳松と呼ぶようになった。私の生まれた更池という路地も事情は同じで、江戸時代までは更池村の「南方」と記されていたが、そのまま更池が地区名になっている。更池といえば地元では路地を指すように、明治頃にはすでに舳松といえば路地を指すようになっていたようである。

阪田三吉は明治三年（一八七〇）舳松村に生まれ、妻コユウは泉州南王子村の出身で、この南王子村は私の曾祖父の出身地でもある。戦前まではこのように、路地と路地の交流が盛んであった。

舳松にはかつて屠場もあったが、多くの人が草履作りや下駄直しの仕事についていた。阪田も例外ではなく、将棋で食えるようになるまでは狭い長屋で暮らし、下駄直しや草履作りを生業としていた。この下駄直しは午前中に終わることが多く、また雨の日は営業に回れないので休みとなる。そうなると、大人たちはみな軒先で将棋を指し始める。路地で「さんきい」と呼ばれていた三吉は、そこで大人たちと将棋を指して強くなり、後には賭け将棋で生計をたてるようになる。

しかし貧乏暮らしが長く、妻コユウは、幼い子供たちと共に心中未遂を起こしたことがあるほどであった。彼女はそれから二〇年後、ようやく生活が楽になった頃、ただ「阿呆な将棋だけは指しなはんなや」と、苦労を共にした夫へ戒めの言葉を残して四七歳で亡くなっている。

阪田は生涯文盲だったが、書を求められたときのために「馬」と「三」「吉」の三字だけは覚えている。しかしそれ以外の勉強はすべて将棋に費やした。「馬」という字を習うときも「頭、鼻、首、手綱、たて髪、胴、尻尾、脚」という風に一画一画納得しながら、絵でも描くように書いていたという。書を求められたときに「馬」の字をよく書いたのは、本人が午年生まれなのと、将棋駒の成角「馬」が好きだったこと、将棋を習い始めた年がちょうど午年だったからだ。

町中の看板が読めず、付き添ってもらっていた人に、バスの中だろうがどこだろうが、「あれ銀行やな?」などと大声で訊ねた。またレストランに行けば、他の客が食べている皿を指差して「それ、おいしおまっか」と、あたり構わず訊ねる。珍しいものが好きだったので、洋食を好んだ。

文盲でも物怖《ものお》じしないその態度から、奇行の人として有名であった。大阪出身の作家織田作之助も「奇行、珍癖の横紙破りが多い将棋界でも、坂田は最後の人ではあるまいか」と、親しみをもって書いている。

その独創的な指し手は「八一桝の将棋盤も阪田には狭すぎる」と称賛された。

有名な「銀が泣いている」という言葉も、宿敵であった関根金次郎八段との大事な対局で、指し手を間違え放ってしまった銀が引くにも引けず、進むにも進めずにいる局面を見て「わてがあせり過ぎました。これからはもう強情はいたしません、無理はいたしません」と、銀に代わって泣いている様子を自らそう表現したものであった。

中でも昭和一二年（一九三七）、木村義雄八段と花田長太郎八段との東西二大対決では、対木村八段戦の後手番第一手から9四歩という定跡外れ「奇想天外の端歩突き」の一手を指して敗北。花田八段との対決でも、またもや後手番の初めの一手で1四歩という定跡外れの端歩突きを指し、惨敗した。

この一手は、当時はまだ「可能性はあるのではないか」とされた新手であったが、誰も試したことがなかった。そのため東京方からは「勝てないと悟っての苦しまぎれの一手」と呆れられた。織田作は、そのときのことをこう記している。

「しかし、坂田の端の歩突きは、いかに阿呆な手であったにしろ、常に横紙破りの将棋をさして来た坂田の青春の手であった。一生一代の対局に二度も続けてこのような手を以て戦った坂田の自信のほどには呆れざるを得ないが、しかし、六十八歳の坂田が一生一代の対局にこの端の歩突きという棋界未曾有《みぞう》の新手を試してみたという青春には、一層驚かされるではないか」

織田作は阪田のことを「坂田」と書いているが、これは当時、阪田本人が「坂田」で通していたことによる。その出身を悟られないよう、字を変えたのだといわれている。

また晩年を天王寺近くで過ごしたことから「天王寺出身」とされ、本当の出身を隠されてきた。しかしここまで有名になると路地の英雄でもある。公けにしたいが、大っぴらにはしたくない……。路地にはいつもこうしたジレンマが付きまとう。

舳松には他にも、泉野《いずの》利喜蔵という有名な解放運動家がいた。昭和一四年（一九三九）、東京での花田長太郎八段との対局では、泉野の紹介で「部落解放の父」と呼ばれた当時の衆議院議員、松本治一郎が立会人となっている。また長年のスポンサーに、京都で毛皮商を営んでいた家村喜三郎がいるが、これも路地の関係であったと思われる。阪田から松本治一郎へ贈られた記念の将棋盤や「馬」と書かれた将棋盤は、「舳松人権歴史館」に展示されており、いつでも見学することができる。

阪田はその後、昭和二一年（一九四六）に七七歳で亡くなるのだが、「わてが死んだら、きっと芝居や活動写真にしよりまっせ」と生前に語っていた通り、その生涯は死後、芝居や小説、歌にもなっている。歌謡曲では村田英雄の「王将」が有名だが、芝居や映画では阪東妻三郎、三國連太郎、長門裕之、緒方拳など、錚々たる俳優たちが阪田を演じている。

人間の業の肯定

型破りな生き方で有名になった二人ともが路地の出身であるのは、路地贔屓《びいき》が多少あるとしても、私は決して偶然ではないと思う。

突破な者にさせるドグマのような何かが、彼らの中に確かにあった。それが「路地」そのものであったように思う。例えば、世間というものに対してある種の虚脱感を抱きながら、逆に異常なほどの執着も示している。この矛盾が、彼等の奇行と実力の原点のように思えてならない。世間に対する虚しさは、生まれゆえ悔しい思いをしてきたひねくれた気持ちであり、世間に対する執着は、出自はどうあれ社会に認められたいという怨念である。

私は将棋に縁がないが、芸事については大阪で生まれたこともあり、幼い頃から折にふれて接する機会が多かった。

そして路地と芸能の関係でいえば、歌舞伎も含めた芸能のほとんどが、元々路地の者たちの支配下にあった歴史をもつ。近代には祝詞《のりと》を述べてまわる万歳（後の漫才）、鳥刺し舞いなどの門付け芸は、いずれも路地の者たちの生業であった。現在では廃《すた》れてしまったが、今でも各地の路地には、そうした伝統芸にまつわる話が残っている。

しかし落語は、そうした芸とは区別されていたようだ。歌舞伎は江戸時代の半ば頃に路地の支配を抜けているのだが、もともと上方落語は辻噺という、露天で軽口を語る芸から現在の形になったとされ、やがて武家や貴人に呼ばれて座敷で演じるようになった。上方落語の特徴の一つである見台とひざ隠しは、露天で話していた頃の名残りであるとされる。

落語は屋敷や料亭などに呼ばれて一席演じることが多く、一般の客と同室になることがあるため、路地の者では都合が悪い。江戸時代まで、路地の者は身分違いのため同室は禁じられており、そのため彼らは路上で芸をしていた。落語とは区別されていたのである。

しかし、明治になって解放令が出されると、路地の者もそうでない者も、さまざまな業種に参入していくようになる。路地から出た者たちも、実力がものをいう世界に次々に飛び込んで行く。

阪田が将棋、春團治が落語の道を選んだのは、その生まれからも決して偶然ではない。どちらも実力主義の世界で、学問もいらない。これは教育を受ける機会が少なかった当時の路地の者たちにとって、たいへん都合が良い。明治といえばまだ身分制の名残があった頃で、その頃に良い暮らしをと思えば、芸道に進むのが手っ取り早くもあった。

そのため、落語とは何の関係もない家柄にも拘らず、春團治の実兄も噺家になっている。ただこの実兄は噺家では芽が出ず、後に廃業しているが、これも落語が実力主義であることをよく現している。

また、落語は江戸時代から明治にかけて完成されたこともあり、時代的にいっても落語「らくだ」の願人坊主など、路地の者たちが登場することがある。もともと落語自体、社会的弱者の多く登場するものだから当然だが、現在ではぼかされて演じられている。私は当初から、そうした落語に出てくるさまざまな人々に興味をもっていた。

そして「落語とは何か」という命題について、名人立川談志は「落語とは人間の業の肯定である」と、ずばり核心を衝いて言っている。人々の業を肯定する落語に飛び込んだ路地の皮田藤吉は、一代で大名跡の春團治となった。そして一〇〇年の時を経て、同じく路地を業とする私が春團治落語の深淵を覗いてみたいと考えたのは、ごく自然なことであった。

春團治の落語

初めて初代桂春團治のCDを聞いたときの衝撃は、今でもよく覚えている。

とにかく、まったく聞き取れなかった。途切れ、途切れに「おっさん」とか「おかしげなもの言いしな」などという常套句がかろうじて判別できるくらい。大阪で生まれ育っているから大阪方言には自信を持っていたが、そんな私でもまったく聞き取れない。これはちょっとした衝撃であった。

大正時代の録音で音質が悪いこともあるが、それだけではない。異常な早口で、一昔前の叩き売りのような声。そして一〇〇年前の大阪方言。音量を上げてみるが、ただ空しく春團治のだみ声だけが流れていくだけだった。漫才の中に速射砲のような喋りをウリにする者がいるが、それくらい早口なのだ。

かろうじて内容がわかったのは、十八番としていた「いかけや」だ。この噺は昔、路上などで鍋釜の修繕をしていた鋳掛屋と、それをからかいに来た悪童たちとの掛け合いが主なすじだ。しかしこれもわかったのは途中までで、下げ（落ち）の状況と意味はわからなかった。それもそのはずで、この噺の下げは「離れ落ち」と呼ばれ、鋳掛屋と悪童たちの話とはまったく関係のない、鰻屋と修験道とのやり取りで下げとなる。だから初めて聴いてもよくわからないはずで、解説や速記録を読んでようやく理解したが、ただ聴いているだけだと大変にわかりにくい。

後にわかったのだが、当時のレコードは収録時間が短いため、どうしても早口で演じることになる。また当時はマイクではなく、録音機に顔を向けて話すことになり、首を振り分けたりもできないために喋りにくかったようである。その上、専門家が一〇〇年前の大阪方言を採取するためにこの春團治のレコードを聴くこともあるというから、私がわからなかったのも当然だったのである。

しかし何度も繰り返し聞いていると、私も大阪人の端くれであった。わからない箇所がまだいくつかあるものの、噺も次第に頭に入るようになり、やがて、当時のレコード会社によって調子が違うことがわかるようになった。

話しやすいレコード会社だととてもリラックスして話していたようで、録音によっても調子が違う。春團治は録音時間が少ないこともあって、いつも枕（前振り）なしでいきなり噺に入っていくのだが、簡単な枕の入っている録音を聞くと「今回は余裕があって機嫌がいいいな」と、わかるようになってくる。そういう時の噺は、テンポもそう早くなくて面白い。ライブ録音だから、好不調のあるのはよく考えてみれば当たり前だ。

それにしても七〇年以上前のギャグで今でも笑えるのは、動作で笑わせるチャップリンと、古典落語の春團治くらいなものだろう。特に春團治の特徴ともいえる「破壊された古典落語」は、いま聞いても新しい。ただ一〇〇年前の大阪方言を駆使しているので、慣れないと言葉が理解できないだけだ。

春團治でよく知られるのは、このレコード録音の多作である。吹き込んだレコード数は、おそらく古今東西合わせた噺家の中で最も多く、レコード化したネタは約一〇〇種類、総数七〇〇枚以上にのぼるといわれる。日本で初めてラジオで人を笑わせたのは、大正一三年（一九二四）五月一五日の実験放送に出演した春團治だといわれている。

春團治が現在の上方落語に残した影響も、この残された膨大なレコードに因《よ》るところが大きい。三代目春團治はもちろんだが、笑福亭仁鶴、丸刈り頭の桂枝雀は、初代春團治から影響を受けた代表的な噺家だ。

仁鶴は通りがかった小道具屋の店先で偶然かかっていた春團治のSPレコードを聴いて、その日のうちに春團治のレコードを買って自宅で繰りかえし聴き込み、そのまま落語家を目指す決意をしている。デビュー当時から仁鶴を知っているあるディレクターは「彼、ある時期までは完全に初代春團治のものまねでしたな」と語っている。

また仁鶴の師匠となる六代目松鶴も「彼の口調が初代春團治師匠にそっくり、そうですからプロになるにしても三代目（春團治）のところに弟子入りするやろうと思っておりましたところ、私のところへやって来ました」と語っている。仁鶴自身も「すっかり春團治に魅せられてしもうた」と記している。

一方の桂枝雀は、師匠の米朝の自宅に通っては、置いてある春團治のSPレコードを繰りかえし聴いていた。彼は自著でも「私らもう大のファンでして、演らしてもろてるどのネタにも必ずと言っていいほど、初代の影響が少なくとも一か所は顔を出します」と記している。

噺の特徴

春團治の噺の特徴はいくつかあるが、特にオノマトペ（擬態語）と、徹底したナンセンスがよく知られている。これは当時としては斬新だった。

春團治のオノマトペは、宮沢賢治の小説のように独創的だ。例えば扉を開けるときも「ガラガラ」に続けて「ガッチガッチ」と付けたり、「サラサーラーサーラー」と小便し、喧嘩した相手に泥の中へ顔を突っ込まれて「ニュニュニュニュッ」、倒れたときは「ドンガラガッチガッチ・プウプウ」と、なぜかプウプウという音が入る。これは通俗的オノマトペだけに陥らないよう、できるだけ自分の言葉で演じるよう工夫しているので新鮮で滑稽に感じるのだ。

それにしても、一人の男が倒れただけでなぜ「プウプウ」と鳴るのか。春團治は、ガラガッチと倒れたときに三輪車に付いたラッパをプウッと鳴らしてしまったが、その音が面白かったのでもう一度鳴らしてみたのだと登場人物に言い訳させている。

このようなナンセンスも春團治の特徴の一つで、十八番の「いかけや」では、鋳掛屋に「よう物知ってるな」と褒《ほ》められた悪童が「わて弁護士になろかしらん」とませて見せ、「ちしゃ医者」ではシルクハットをかぶった藪医者が駕籠《かご》に乗って患者宅へ向かう時代錯誤を平気で演じた。よく考えてみると妙だなと気づくのだが、他の落語家に比べて二倍以上の語句を入れて噺を膨らませているのと、展開が漫才なみに速いので、疑問に思う間もなく聞き流してしまう。あまりのナンセンスぶりに「上方落語の破壊者」とまで評されたが、現在では当り前のように用いられている。

しかし、現代人の私からすれば、当時としては斬新と言われたオノマトペもナンセンスも、はっきりいってあまりに素朴すぎる。演芸や落語の歴史としては斬新だったのかもしれないが、これのどこが「破壊者」だったのだろうかと、訝《いぶか》しんでしまう。

春團治はいつもこう語っていたという。

「むつかしいこと、わて知りまへんね。おもろう演ったら客は喜びます」

そのため、生前から若手による落語研究会などは一切、相手にしなかった。「若いもんが、何ややってますがあんなん、あかしまへん」と、一度も出たことがなかった。

古典落語を「面白く演る」のは現在にも通じる課題だが、オノマトペやナンセンスは、春團治からすればただ「おもろう演ったら客は喜びます」という、小手先のものに過ぎなかったのではないか。

本当の春團治の魅力は、耳新しいオノマトペとナンセンスで破壊しつつも、結果的にしっかりと古典を演じている点にある。二つ目までの春團治は本格過ぎるほどの本格で、真打ちになるまでの約二〇年にわたる修行時代は、古典を忠実に演じていたといわれている。

素人上がりの鰻屋の主人が、すべる鰻を追いかけて電車に乗って行ってしまうナンセンスを演じた「うなぎや」について、桂枝雀はかつてこう讃えている。

「初代というお方は、無茶苦茶ばっかり言うてはったようにお思いでしょうが、この噺では出雲屋とか井筒、柴藤、山陽亭なんていう店の名や並び方が全くウソがないんです」

春團治は上方落語の破壊者というよりも、古典落語を時代に合わせて演じた噺家であった。だからこそ、春團治の落語は現代人にも聴くことのできる、貴重な録音になり得ているのだろう。

では正当派の噺家かといえば、やはりそうではない。芸についても無茶なことを多くやっている。春團治にはこの無茶がよく似合うし、無茶でなくては春團治ではない。

「いかけや」をものにしたときは、四代目桂文団治（当時麦団治）に「なー麦やん、米喬はんの『いかけや』やってるやろ？　ちょっとやってみてーな」と頼みこみ、うろ覚えだった点をつかむと、すぐに高座にかけて十八番にしてしまった。そのため文団治を「わいのんよりおもろいねんよって、しゃーないがな」と落ち込ませてしまった。

また、宴会に呼ばれる途中、他の噺家に「金の大福」の筋を二回繰り返してもらっただけで、その夜の宴会にかけてしまったこともあった。どちらも、落語の性根を完全に把握していたがゆえにできた芸当だ。

しかし、やがて漫才が台頭してくると、落語の人気は下がっていく。意固地に古典回帰になる噺家もいたが、春團治は現代に適応しようと工夫を凝らし始めた。

そして結果的にただ一人の人気噺家となり、一晩に四軒もの寄席を掛け持ちすることも珍しくないほどの人気者となった。当時を知る演芸ファンは「そら、はっきり言うたら漫才が勢いを出してきた時分は、売れているのは初代の春團治だけですやろ」と語っている。

人気が出ると他の者から妬まれては「邪道」、「上方落語の破壊者」などと批判される。豪放磊落に見えても、そこは繊細な面をもっていた。

人気絶頂の頃、出番直前になっても帰ってこないので人が出て探しに行くと、寄席の向いにある酒場で春團治は一人で酒を呑んでいた。「どうしたんや」と訊くと「とても素面では出られん、俺の無茶な芸では」と呟いたという。

しかしこれは、落語の破壊のことを言っているのではない。わが身を切り売りするかのような芸風と生活に、己れ自身が深く傷ついていたのだ。

皮田家に生まれて

大阪市天王寺の北に、高津宮という古い社《やしろ》がある。この社はかつて梅で有名だったが、今はすべて桜の樹に植え替えられ、昔の面影はない。

鳥居をくぐり歩いていると、鬱蒼とした樹々が覆っているため昼間でも暗い。梅で知られた頃の名残である梅の橋を通り過ぎる。今は遺跡のようになっている石造りの梅の橋だが、その下をかつて流れていた小川は、そのまま道頓堀川につながっていた。私には信じられない思いだが、この辺りで生まれ育った老人は「私らのこまい頃は澄んだきれいな川で、よう入って遊んだもんです。私のこの顎にある傷は、飛び込んだときに打った跡ですわ」と語っていた。水といえば、「鰻屋」という落語には、この辺りの川の水を腹いっぱい飲む男の話が出てくる。きれいな水でないと生まれなかった噺であったろう。

境内に出ると、社殿の傍らに石碑が建っている。「上方落語四天王」の一人、桂文枝の石碑である。文枝のたれ目でふっくらした人懐こい顔を、私もよく覚えている。

高津宮は落語「高津の富」の舞台になっていることもあり、境内に寄席「高津の富亭」が置かれている。文枝は平成一七年（二〇〇五）にこの高津宮の境内にある寄席で最後の高座をつとめた後、三ヶ月で亡くなっている。そんな機縁で、高津宮に彼の石碑が建てられているのだ。石碑の題字は、三代目桂春團治だ。

高津宮は落語とも縁の深い神社なのだが、桂春團治の初代が、この高津宮付近で生まれ育ったことを知る者はほとんどいない。神社の人に訊ねると、「初耳だ」とかえって驚かれてしまった。

初代桂春團治は明治一一年（一八七八）、大阪市高津二番地に皮職人の子として生まれている。四人兄弟の末っ子で、両親ともに四〇を過ぎてからの子だったこともあり、ことのほか可愛がられたといわれている。

皮田という変わった姓は、代々の生業を現している。「かわた」というのは元々大阪の路地の者のことを指し、皮多とも書く。牛馬が死ぬと解体し、剝《は》いだ皮を川に漬けてなめし、武具や洋靴、煙草入れなどに加工した。江戸時代までの身分の名残りで、彼らは「かわた」と呼ばれ蔑《さげす》まれた。

庶民に姓が許されたのは明治以降で、父の皮田友七は、自分の生業をそのまま姓にしたことになる。しかし、このように自分の代々の仕事を姓にすることは特に珍しいことではない。欧米でも共通してよく見られ、例えばスミスは「鍛冶」をルーツにもち、ウエブスターは織物工で、日本でいえば機織部《はたおりべ》、「服部」という姓になる。「皮田」は大阪地方の呼び名で皮革職人のことだから、欧米で探せば皮なめし職人を現すタナー、靴職人を現すシューマン、シューマッハにあたるだろうか。

欧米では皮職人を特に差別しなかったから現在も受け継がれているが、日本では路地の者として蔑まれたため、この皮田姓は現在ほとんど見ることができない。みな後々、改名するなりして消えてしまった。皮田藤吉の場合は、さらに突破な手段で本姓を変えることになる。

明治初期はまだ身分制の名残があったため、路地の人々も当時の慣習として職業姓を付けている。路地の者たちへの蔑みは、実は明治の解放令以後もっとも強くなったともいわれているが、この皮田姓は、路地への風当たりが明治初め頃までそうきつくなかったという説を裏付けているようにも思える。

少年時代の皮田藤吉は、商屋で丁稚《でっち》をしたり、父親の仕事を手伝ったりしていたがいずれも長続きしなかった。明治二八年（一八九五）、一八歳になった藤吉は桂文我に弟子入りし、桂我都を名乗っている。

この頃のことを春團治は後年「楽屋でのお茶汲みで、革屋の藤やん、藤やんで丁稚扱いだす」と語っている。あっけらかんと可愛がられたように語っているが、ただでさえ厳しい前座修行の中、かわたという出自ゆえに、格式にうるさい当時の落語界では苦労したこともあっただろう。そのことについて春團治は、何も語っていない。ただ前座修行の厳しさについては昭和に入ってから、こう語っている。

「あの時分はいまと違うて楽屋が厳しうてナ。座るのに尻をにじったと言うてはクビ、前座のくせに生意気に大きな屁をこいたと言うてはクビ、一番阿呆らしかったのは真打がうどん食うてるのに、前座の身分で一銭五厘もする狐うどん食うとは末恐ろしい奴やとクビ！」

しかし無茶なのは師匠たちだけではなく、春團治も前座時代から文字通り、末恐ろしい奴やと評されていた。その言葉通り破門にされたのも一、二度ではなかったようだが、芸についてもそう見られていたのではないだろうか。

入門してから八年目、明治三六年（一九〇三）に藤吉は我都から春團治を襲名した。春團治という名は以前に名乗っていた人があるため、本当は二代目にあたる。しかし、初代は寄席の席主でプロの落語家ではない。そう有名でなかったこともあり、皮田藤吉が初代春團治を名乗ることになる。

藤吉がこのようなプロでもない、いってみれば無名にちかい人の名を継いだところに、「革屋の藤やん」の立場がそう強いものでなかったことが伺い知れる。「名跡」と呼ばれる、かつての名人たちの名を継ぎたいのはどの落語家も同じだが、藤吉にそれは叶わなかった。そのため後々になっても、春團治は自らの名で悔しい思いをする。

明治四一年（一九〇八）、三一歳の春團治は、トミという一八歳の女性と日本橋《にっぽんばし》で同棲を始める。しかしこの頃にはもう一人、お浜という年上の女性と同棲していたので、当初は三人での共同生活だった。お浜という女性はしばらくして出て行ったのだが、春團治はトミには「姉や」と説明し、一八でまだ初心《うぶ》だったトミはしばらく信じていたという。

隠し事ができない性格もあり、春團治にはこうした色っぽい話が多く残っている。この頃の出来事で、噺家の末廣屋扇蝶に殺されかけた話も、本人が後に語っている。

「扇蝶はんが京都の出番だしたが、南地にいろ（情婦）ができたので、是非今晩逢わんならんさかい、わたいに京都の代わりを勤めてきてくれ、その代わりにわての大阪の出番を、扇蝶はんが勤めるというので、その時分わてもまだ出番の浅いところだしたさかい、扇蝶はんが都合ええし、わてかて扇蝶はんの奥の出番へ出られるというので喜んで引き受けて、扇蝶はんから汽車賃と別に心付をもらいましたん」

出番が浅いというのは、まだ真打ではないので早くに出るという意味で、奥の出番とは師匠連の時間ということだ。まだ真打ではなかったが、師匠連の時間に出られるので喜んだのだ。それにもらった心付が当時の一円と悪くない。ちょうど春團治もその頃「ちょっとした女が出けて」いた。まだ有名になる前で金がなかったこともあり、女にいい顔もしたい。

「梅田から京都までの片道の汽車賃さえ残しておけば、あとは又、京都へ行ってからどうなとなるやろうくらいに考えて、早速その女と逢うわ、久し振りや一杯飲もうと言うてからな。……その晩とうとう行かずじまい。……京都では大騒ぎをして、扇蝶の無断休みと言うので、早速大阪へ聞こえて、扇蝶はん太夫元へ呼び出されて大目玉や、あとで扇蝶はんが怒ってなア、わてを殺してしまうと、出刃包丁を持って追いかけ廻されたので、いかなわても両手を支えて、平謝りに謝ったことおましてな。さっぱりわやや」

この頃にはすでに人気が出ていたが、金はすべて、呑み代や芸妓を呼んだりといった遊興費に使っていた。

その後、日本橋御蔵跡《おくらと》の長屋へ移り、一三歳下のトミと所帯をもつ。現在は履物問屋街として有名な場所である。

革屋をしている父親の紹介で移ったのかと思い、私は履物問屋街となっている御蔵跡を訪ね、昔から住んでいる老人に話を伺ったが、当時の御蔵跡はまだ履物問屋街ではなく、ただ蔵跡が残っていただけの長屋であったようだ。ただ高津の皮田家からも歩いて一〇分ほどなので、便利だったのだろう。春團治は生涯を通じて何度も引越しをしているが、そのほとんどを日本橋周辺で暮らしている。

春團治を襲名した頃から、春團治は看板の上位に異常にこだわるようになる。当時、看板における名の上下は今以上に重要視されていたのだが、春團治は誰よりもそれにこだわり、怒った噺家であった。

いくら噺家として工夫し笑いをとっても、春團治という名が名跡でないかぎり、看板は他の者が上にくる。素人上がりの二代目小団治がその名ゆえに上位にくると、怒りに任せて小団治の人力車を襲撃したこともある。

しかし、ここは「すかたん」で知られた春團治で、小団治と思って人力車から引きずりおろしてぶん殴ってみると、これが師匠格の文団治だった。「その声は春團治やなッ」文団治に反対に怒鳴られた春團治は驚いて逃げてしまい、そのままほとぼりが冷めるまで京都へ潜伏している。

また、ある看板のお披露目会で、格下ながら名跡である小文枝の名が上位に書かれているのを目にした春團治は、そのますますたすたと看板の前まで行くと看板用の大きな筆で小文枝の名を塗りつぶしてしまった。この時は師匠の文治が春團治を叱りつけた後、名だたる師匠連たちが説得に当たっている。

春團治はそのことについて、「四人の大看板から噛んでふくめるように言われてみなはれ、なんぼわてがやたけたでも、強情ではいきまへん。まさか小文枝よりも春團治の方が偉いとは思えまへんよって、とうとう辛抱したことがおます」と語っている。

やたけたとは「分別のない乱暴者」という意味の昔の大阪方言で、他にもすかたん（まぬけ）、ごりがん（強情）は春團治の性格を象徴した大阪方言だ。

「わての話はムカつくことが多いさかい」と本人も語っている通り、特に名の上下については神経質で傷つきやすく、すぐ行動に移すほど激怒している。

春團治がそこまで看板にこだわった要因は、やはりかわたという生まれから、もともとそうした格とか身分については特に敏感だったのだろう。そういうとき、春團治は決まって「くそたれめ、馬鹿にすなッ」と口走った。

この「くそたれめ、馬鹿にすなッ」と「わいは五黄の寅や」は、春團治の口癖だった。五黄の寅というのは生まれ年のことで、この年に生まれた者は気が強いとされた。生まれたときから路地の者だと馬鹿にされ、噺家になっても名跡でもない名しか付けられなかった悔しさを、ただ落語家としての大成に傾け、強い意志でそれを貫く決意を現している。

大正三年（一九一四）、春團治は入門してから一九年で真打となる。演じる落語の形はすでに自分流に崩しており、「古典落語の破壊者」と呼ばれたスタイルを、この頃に確立するようになる。いつも便所の中で噺の枕を考え、思いついたらすぐに妻トミに聞かせて、その反応を見てネタを練っていた。

しかし、すかたんの春團治はただ芸に打ち込んでいたわけではない。

相変わらず女性関係は派手で、真打になった年、妻子がいる身ながら芸妓と徳島へ駆け落ちしている。妻のトミがまだ幼い娘をおぶって徳島まで当てのある家へ探しに行ったが、すでに出て行って居ない。仕方なく大阪に戻ると、気を弱くした春團治はすでに芸妓と別れて、自宅に帰っていた。

また、医療品問屋の未亡人だった岩井志う《じ》ともこの頃に出会っている。初め志うはひいき客として頻繁に逢引《あいびき》を繰りかえしていた関係だったが、次第に深い仲となっていった。志うは春團治のために自らの財産を全てつぎ込んだ。ついに春團治はそんな志うの情にほだされて、トミとは強引に離婚し、九歳年上の志うと一緒になってしまう。

派手に遊ぶのが信条であった当時の噺家といえども、糟糠の妻を捨ててここまで思い切る男も珍しい。またこうした私生活のことも高座で面白おかしく話したから、さらに人気が出た。高座に出ると客席から「よ、後家殺しッ」の声が掛かった。しかしこの「後家殺し」という掛け声も、初めは自分から銭をはずんでわざと掛けてもらっていたともいわれている。人気が出るためなら何でもやった春團治らしい仕掛けである。

さらに志うと結婚してからも、ある座敷に知り合いの役者が二号を連れていたことから「俺も二号の一人くらい持っていないのは肩身が狭い」と志うを説得し、上本町六丁目あたりに家をもたせて二号を囲った。

女性は池の谷とくという東京の人で、関東大震災の後に大阪の北新地で芸妓をしていた。生粋の江戸っ子だったが、なぜか春團治の大阪方言まる出しの落語を気に入り、そのまま二号になった。芸の上では孤高の人であった春團治は、その孤独を紛らわすかのように、何人もの女性を囲っている。

そうしておいて、弟子にはこう言って注意していた。

「お前は若いから、ごひいきの旦那さんへ招かれても、旦那さんのごひいきの芸妓さん、あるいは二号さんというような方の隣へは決して座ってはいかん」

しかし座敷に呼ばれると、自分はすぐに女性の横へ座ってしまうのだった。

人気者になれ

春團治はその芸も確かなものだが、それだけでは満足せず、人気が出るためには何でもやった。この人気に対する人並みはずれた執着心は、下位の名をもったことに対する「くそたれめ、馬鹿にすなッ」精神がそうさせたのであろう。

例えば冬の寒い日、ひいき客に「道頓堀川に飛び込めるか」と言われればすぐに飛び込み、激しい雨の日に「路上で寝そべれるか」と言われれば、その場で転げまわった。するとひいき客も「たいした奴や」と、新しい羽織袴を届けてくれ、それがまた話題となった。

頼まれもしないのに、無茶をしたこともある。

ある夏の夜、愛弟子の小春団治と一緒に芸者衆を連れて京都鴨川べりを歩いていると、ふいに春團治が弟子に囁《ささや》いた。

「俺が川へ着物のまま飛び込むよってに、お前も後から、モシ何処へ行きはんね、と言うて俺の後から川へ飛び込め」

小春団治が「えっ」と思ったときにはもう鴨川へ飛び込んでいた。仕方なく小春団治も言われたとおりに師匠の後を追って川へと飛び込んだ。

これは同行の芸者たちを驚かせるためだけにやった自作自演である。

春團治は「驚きよったやろ、オモロかった」と意気揚々としていたが、夏とはいえずぶ濡れになったまま歩くので、小春団治は気持ち悪くて難儀している。

「お前のような辛気臭い奴は芸人に向かんぞ、ちょっとおれのまねをせえ。なんでもかめへんさかいに、人からワイワイ騒がれるようになれ、つまりちょっと新聞に書かれるような、飛び離れたことを、しょっ中考えてやるような気がなかったら、出世でけへんぜ」

小春団治はいつもそう説教され、しかも一度も稽古をつけてもらったことがなかった。

「芸が上手になったかてしょうがない。それよりも人気者になれ」

それが春團治の考え方だった。寄席が終わって午後一一時頃に帰宅すると、こう叱られる。

「なんちゅう不景気なヤツや、お前は。金がなかったら貸してやるさかいに、きょうはどこそこで、ごひいきのお客さまに逢うて、一杯よばれてましたと、こういうふうに景気をつけて帰ってこい」

ただ、こうした説教をされたのは小春団治一人だけだった。彼が物静かな性格であったことから、芸人はもっと陽気にならないかんのにと、春團治は頭の良いもの静かなこの弟子をとても心配していたのだ。

「師匠の俥《くるま》に師匠と共に、膝の前に乗って一緒に帰宅することも有った。——全く人さまがご覧になると師弟ではなく、親子のように思われた。それほど私は春團治師匠にはかわいがられました」

小春団治は後年、そう記している。自分が経験したつらい前座修行を、弟子にまで経験させたくないという春團治の配慮だった。

それにしても、この「とりあえず噺家は人気が出てから。芸は後でええ」という考え方は、現在でも、東西の落語家の売り出し方に通じる。前座時代はとにかくテレビに出てお客に顔を覚えてもらい、真打になったら落語に専念する。これは上方では桂朝丸時代のざこば、桂べかこ時代の南光、東京では林家こぶ平時代の正蔵など、今や多くの落語家がとっている。

皮田姓から岩井姓へ

春團治は「後家さん」の岩井志うと一緒になることで、皮田姓から岩井姓になっている。「後家殺し」と呼ばれることにより、春團治は昔のかわた身分であることがわかる皮田姓を消し去ってしまった。

志うの元の姓は藤本であったが、分家してまで亡夫の岩井という旦那衆の姓を守っていた。この岩井の姓を春團治のものにすることに執着したのは、実は志うの方であったという。

一方の春團治は、自身がかわた出身であったことを特に恥じたり、隠したりしなかったようだ。噺家同士の座談会でも円枝と初めて会ったときのことを「宅の親爺が革屋でな、その下弟子の仕事場で逢うたんです」「革屋の藤やんで丁稚扱いだす」などと、夕刊紙で堂々と披露している。

苛められることがあっても「くそたれめ、馬鹿にすなッ」で前向きに転化してきたプライドと、本人の開けっ広げな性格も大きいだろう。このように堂々としていたのは、当時も今も大変に珍しい。このようにかわたという出自を堂々と公表することができたのは、当時では水平社の活動家と春團治だけであろう。逆にかわたの出を気にしていたのが、商屋の未亡人志うの方であったことは面白いことだ。

志うが岩井家から春團治の元へ持参したのは、当時で七万円ばかり。現在の貨幣価値に換算すると、大まかにいって五〇〇〇万円以上もの大金であったが、春團治はこれまた三年も経ない内にすべて使い果たしてしまう。

面白い噺家ほど、自宅ではしかめっ面していることが多いとされるが、春團治は自宅でもどこでも陽気に冗談をとばし、その裏表の無さは、お茶子にいたるまで人気があった。

相手が誰であっても、意気投合すると「うちへこい、仕事つけてやるから」と自宅に連れてきて弟子にしてしまった。どんな人でも弟子にしてしまうから、噺家の弟子というのは片手ほどもおらず、大半が奇術師、女道楽など、落語と関係のない人々だった。女道楽とは三味線漫談のことだが、芸や身分を分け隔てることなく付き合う、春團治の大きな人柄がでている。

賑やかなことが大好きで、どこか出かけようかとなると、二番目の妻である志う、離縁して移ってきた春團治の実姉とその子、弟子、女中、犬二匹、猿一匹まで連れた家族総出となる。

鍵がなくて戸締りできなくても、家の内側から鍵をかけ、二階の小屋根からポンと飛び降りて「さあ、いこか」。有名になってからも、向う先は一流の有名店ではなく、鰻を出す大衆食堂。春團治は鰻の頭に目がなかった。

そこに大勢が押しかけ、犬も猿も一緒になってわいわい賑やかに食べる。内弟子として付き添っていた小春団治も「一人で美食するより、安くとも家族全部で食おうと、こういう意気の人ですから……。一般の人にも非常に好感をもたれたのではなかろうか」と回想している。

春團治、絶頂の頃である。

火宅の人

ある噺家は、その頃のことをこう語っている。

「楽屋へ『おはよう』と言って入ってきやはると、もうその『おはよう』がおかしいン。『お茶子はん、茶ア一杯おくれ』というその声でもう笑いとうなって困った」

また福島県へ興行に行ったときのことを、三遊亭円馬という噺家がこう記している。

「丁度師匠が良い後家さんとねんごろになった頃で人気の出始の時代で、私はその頃『とん馬』と言っている頃でした。一緒に興行に出かけた事がありました。東海道を上がって、みちのくは東北方面に行った事があります。福島では延命館と言う小屋で打ちましたが、夜の興行が終わって風呂へ入り、これから食事をしようと言う時に、『とんちゃん一寸来てや』

と師匠の部屋から声が掛かりましたので、

『何か御用ですか』

と師匠の前へ行きますと、一通の銀行の通帳を出して、

『済まんが、これ何処の何と言う銀行の通帳で何ぼ金が入ってるか見てや』

という。師匠は芸や女性には大変自信もあった方ですが、字の方は一寸付き合が無かった様でしたので、

『ハイ』

と言って通帳を開けてびっくりしました。その当時の金で何万と言う金額が書き込まれてありまして、思わず通帳を持った手が、ぶるぶるとふるえました。人の金を見てふるえるなどとは、如何にも不甲斐ない様ですが、当時私は浪速三友派で三軒掛け持ちして一ヶ月の給金が二十三円です。ですから何万と言う数字を見せられれば大いにびっくりします。今の私なら……やっぱりびっくりしますかな」


現在なら数千万円くらいになる。寄席から寄席へは、「春團治」と大きく描かれた派手な人力車と、ハッピを着たお抱え車夫で回った。当代一の売れっ子ではあるが、二号、三号を囲ったりと出費も派手だから、数万円を稼いでも、内実は借金まみれだ。

故六代目笑福亭松鶴は、春團治の高座を実際に見ている。松鶴は「ちしゃ医者」の枕

で、かつてこう語っていた。

「春團治という人は、お金の勘定がまるでわからん人で、いつもピイピイ、いうてはりました。そやさかい、女物の着物を着て歩く。冬に浴衣を着て歩く。ところが、世間の人は、そうは思いまへん。オ、春團治、この寒いのに浴衣を着てよる。さすがは芸人だけあって、いきなもんやな……。なに、ちょっともいきなことあれしまへん。……これが、後年、あんな派手な衣装の好みになったのやおまへんやろか」

その通り、いつも極彩色の派手な羽織を着て高座に上がっていた。しかしいくら人気が出たからといっても、毎日が火宅の人だった。弟子の小春団治は当時のことをこう語っている。

「腹の中にどのような心配があっても顔に出さない人で、自分一人で解決しようとして苦しむのです。お金がいると、レコードの吹き込みなども、やたらにやったのです。Aの会社から専属料をもらっておきながら、Bの会社で、Aの会社へ無断でレコードを吹き込んだものですから、ピシャッと差し押さえられる。ところが差し押さえられても、ねっからそれをビクともしない、かえって面白がっている。腹の中では〝しもた〟と思うているが、顔には見せませんでした。なんとかなるわいと、かたづけた人でした」

春團治のレコードが「東西落語家でも随一の吹き込み」とされたのには、こうした事情があった。二重契約により差し押さえをしたのはコロムビアレコードであった。

差し押さえはこれだけではなく、昭和に入ってからも吉本興業との契約違反から、二度目の差し押さえを受けている。

当時、新興勢力として力を持ちつつあったのが吉本興業で、春團治は吉本と専属契約を交わすことになる。当時はラジオが普及し始めていた頃で、大正一三年（一九二四）の試験放送にも、春團治は落語家として初めて出演している。

しかし吉本はこのラジオ出演を禁止した。ラジオで落語が聞けるようになると、寄席へ客がこなくなると考えたからだ。

とはいえ金が無くなるとやたらにレコードを吹き込むのが春團治だ。「落語家の口に蓋は無理というもんだっせ」と、大阪のラジオ局から出演を依頼され、二つ返事で引き受けている。昭和五年（一九三〇）の頃で、出演料は月二回、半年分で二〇四〇円だった。

現在の貨幣価値に置き換えるといくらぐらいになるか。計算方法によってかなり違いがでるため正確にはいえないが、だいたい一七〇万から三二〇万円くらいで契約したようだ。吉本の月給は一説によると七〇〇円ということだが、これは現在の六〇万から一一〇万円くらいであった。落語家としては当代随一の稼ぎだ。

春團治は吉本との契約などまったく気にせず、前日の寄席が終わると旅館に詰めてそのままラジオ局に向って収録した。面子をつぶされ怒った吉本は、若い衆を集めてラジオ局を取り囲む事態となった。

前妻トミとの間にできた一人娘のふみ子は、当時のことをこう回想している。

「あの時もお父さん、放送の前にうちに来はりました。『ちょっとちょっと、みんな一緒に来てくれへんか』言うてね。私とお母さんとで『どこに行くんか』と思て、ついて行ったらね、丸物百貨店（後の京都近鉄百貨店）の荷物用のエレベーターから逃げるようにして、放送室へ入っていくんです。ふとスタジオの外を見たらお猿さんみたいに、ぎょうさんの人がこっちを覗いてはりますの。犯人か何かを見るみたいに……。ようわからんけど『いやあ、何か悪いことしはったんやろか』と思いました。どうやら覗いてはった人たち、吉本の人やったそうですな」

こうして収録は終わったものの、怒りの収まらない吉本は、次に春團治の自宅を差し押さえにかかる。

それでも春團治は平気な顔で、差し押さえの札を一枚はがしては自分の口に貼り付け、「いちばん金なんのに、ここは差し押さえんでよろしおまんのか」とおどけて見せ、周囲の人々の笑いを誘った。写真は翌日の新聞に掲載され、「さすがは春團治」とさらに人気が上がった。

しかし小春団治も証言している通り、内心は「困ったことになった」と悩みつつ、苦肉の策でそうしたようである。しかしその咄嗟のセンスがからっとしていて小気味良い。

娘のふみ子もこう語っている。

「後で色々もめてはったみたいやけど、あの時お父さん自身もこわかったんやと思います。だから『こりゃ、トミ（お母さん）の所へ行って、ついて来て貰わなしゃあない』思うて来はったんやろ。お父さんこわがりですねん。すごいこわがり。レントゲンも一人では、ようとりに行かれへんのです。大阪の天王寺にある日赤病院で、レントゲンをとる時も『ちょっと、ちょっと、ついて来てくれへんか』いうてついて行かされました。写真にとられるのが、こわかったんですて。そんな人どしたなあ」

この時のレントゲンで、胃に癌があることがわかる。

漫才の台頭

昭和六年（一九三一）以降の春團治は体の不調もあり、徐々にその人気にも翳《かげ》りがみられるようになる。しゃべくり漫才が本格的に台頭してきたのである。

後にエンタツ・アチャコで人気者になるエンタツは、昭和八年（一九三三）の座談会でこう語っている。

「落語はストーリーをやかましくいうのに反し、われわれ万才はただ無茶苦茶で笑わせようとする。そこが、つまり大衆の好みに合うというわけだすやろ。万才を聞くのには頭がいらん、ただ口開けてアハッハハハと笑っていたらいい。誰にでもよくわかる。世の中がむつかしゅうになってくると、人間は誰でも簡単な逃避所がほしくなる、万才の時代性がつまりそこにあるというわけですね」

たしかに大正一二年（一九二三）の関東大震災後に治安維持法が制定され、昭和二年（一九二七）から金融恐慌、世界恐慌と二年間隔で経済危機が起こっている。思想弾圧がはじまり、昭和八年（一九三三）には日本が国際連盟から脱退している。

エンタツの分析通り、「世の中がむつかしゅうになって」きていた。

時代の風を敏感に察知した吉本は、それまで色物として扱ってきた漫才を演芸の柱にすえるようになっていた。春團治が無理してラジオ出演したのは、これに対する反発もあったようだ。

そして昭和八年、愛弟子であった小春団治は、ついに吉本の落語家に対する冷遇に反発し、吉本を脱退して東京へ行ってしまう。吉本はこれを反逆と捉えて小春団治を追放する構えを見せた。小春団治はそれに嫌気が差したのか、東京に出て舞踊家に転向し、花柳芳兵衛《はなやぎよしべえ》を名のるようになる。彼は後にテレビ「素人名人会」の審査員として知られるようになる。

もともと胃が悪かった春團治は、その頃ほとんど酒を呑むことができなくなっていた。しかし酒好きの志うに付き合い、毎夜のように晩酌に付き合った。酒が買えなくなったときでも、自分の徳利にサイダーを入れて晩酌したこともあった。

しかし生活はますます困窮し、四号あたりまで囲っていた妾も、この頃には散り散りになっていた。志うは全財産を春團治に投げ出したくらいだから金勘定には疎く、春團治の困窮ぶりは増していくばかりだった。

この頃、客に呼ばれて春團治が料理屋へ出向いたことがあった。

派手な衣装で知られた春團治だったが、そのときは普段着に兵児帯《へこおび》を締めただけというみすぼらしい姿だった。玄関へ脱いだ下駄は歯が磨り減り、まるで草履のようになっていた。下足番が「うちの客でこんなにきたないもの履いて来たのは、春團治が初めてや」と驚くほどの貧相な身なりだったという。

晩年

こうした窮地を救うため、時々京都から来て金策を手伝っていたのは、前妻トミだった。トミは春團治と別れてからも、膨大な借金整理を仕切ったりと、まだ付き合いは続いていた。一時は京都で永田音松という任侠の親分と一緒になっていたが、夫が刺殺された後、再び独り身になっていた。ただ元々離縁された身ということもあり、病床についた春團治を直接に世話をすることはなかった。

病床についた五七歳の春團治を看病したのは、トミとの間にいた一人娘のふみ子だった。輸血もふみ子が提供し、生涯において最初で最後の親子水入らずの時間を過ごした。

「おじう（志う）さんと私と二人病院へついていて、おじうさんは夜になると酒ばかりのんで、父の甥たねさんと二人酒をのみに行ってしまいました。私は晩になると、父のわかりやすい本をよんできかせてあげました。そして父も又、読んできかせて下さいました。だがよんでいても、おもしろいふしでよむので、笑って笑って笑いました。晩はたいがい父と二人で部屋で、かんびょうやら、しゃべったりしていました。そしてある日、おふみ、わしのくすりの時間はお前がのましてくれよ、と私がくすりのかかりをしていました」

多少は読めたのかもしれないが、春團治は文盲であった。だからふみ子が語っているエピソードは、どうも落語「浮世床」のような話でもある。読めない貸本を口から出まかせに読んで聞かせてやる無筆の男と、それを聞いていた周囲の人々とのちぐはぐなやり取りが面白い落語である。春團治は最後に、それを娘に対して演じたようである。

しかしもはや手の施しようがないまま、自宅に戻った。東京に行っていた小春団治が最後の見舞いに行くと、「芸人は借金せなあかん」と豪語していたあの春團治が、膨大な借金を抱えたまま床に臥《ふ》せっていた。

その不憫さに神妙にしていると、春團治は「おい、借金だけはするなよ」と言った。小春団治は心の中で「もう遅いわ」と突っ込んだ。

そして昭和九年（一九三四）一〇月六日、五七歳で春團治は亡くなった。

吉本に残した膨大な借金とともに、二代目春團治を継いだのは福団治で、死後一ヶ月後に襲名するという慌しいものだった。すべては、大きく強い勢力を誇っていた吉本の意向であった。

しかしそれは、「春團治」という何者でもなかった名が、一代で大名跡になってしまったという証でもあった。

春團治の下げ

亡くなった後、春團治は天王寺にある一心寺に葬られた。

日本橋の喧騒、新世界の猥雑さからそう遠くない、歩いて一〇分ほどのところに一心寺はある。立派な現代的な門には、大きな仁王像が一対おかれている。平日だというのに、多くの人がお参りに来ていた。市川団十郎など著名人の墓もある由緒ある寺である。寺の僧侶に、初代春團治のことを訊ねると、怪訝《けげん》な顔をされてしまった。春團治の名は知っているが、ここに弔われていることなど聞いたこともないと言うのだ。

春團治はその名声とは反対に、生まれた高津宮周辺でも誰も知らないし、葬られた一心寺でも知られていないということになる。この一心寺には、同じく名跡で知られる林家染丸の墓もあるというのに。

池田市にある受楽寺には、三代目春團治が建てた「春團治の碑」がある。この受楽寺の住職から「初代は一心寺に葬られたが、墓はないようです」と聞いていた。そうしたこともあり、三代目が受楽寺に石碑を建てることになったのだ。

だからそう期待もしていなかったが、寺でも忘れ去られているとは思わなかった。私は「もしかしたらお墓がないのかもしれないですが」と、僧侶に言った。

「ああ、そういうご事情でしたら、お骨仏になっていると思います」

「お骨仏というと、骨で作られた仏像ですか」

「はい。何年に亡くなられましたか」

「昭和九年です」

「それでしたら、第七期のお骨仏です。納骨堂にありますから」

僧侶に教えてもらい納骨堂に向うと、多くの人たちが線香を上げていた。中に等身大ほどの仏像が七体置かれている。

一心寺は元和元年（一六一五）大坂夏の陣で戦った無名戦士たち三千の遺骸を弔ったことから、無縁仏供養の寺として知られている。無縁だけでなく広く無宗派でお骨を募り集め、一〇年に一度、骨仏を造る。もっとも新しいものは平成一八（二〇〇六）年のもので、現在までに第一三期、七体の骨仏がある。

春團治のは第七期と言われたが、これは現存する最も古い骨仏である。それ以前の骨仏は多くの墓と共に、昭和二〇年（一九四五）の大阪大空襲で焼き払われてしまった。その破片を合わせ、昭和二三年（一九四八）に再び造りなおされた骨仏が、この第七期の骨仏だ。

七体ある仏像のもっとも右端の見えにくい場所に、第七期の骨仏は置かれていた。端に置かれているのは、古すぎてもはや参る人も少なくなったからだ。中央に置かれている第一三期のもっとも新しい骨仏は白く輝いているが、第七期は線香の煙や経年化のため黒ずんでいる。

これが、あの春團治のなれの果てなのか──。何か拍子抜けしたような、空しいような、さっぱりしたような、奇妙な感じにとらわれてしまう。

生まれ育ち、また暮らしていた高津宮周辺に彼を追憶するものはなく、寺を訪ねたら、無縁仏として他の遺骨と共にお骨仏になっていると言われたのだ。今でも芝居になるほどの大名人とは、とても思えない最後である。

私はただ呆然と、線香の煙が漂う納骨堂の前に立ち尽くしていた。

——仰山の人と一緒やから寂しゅうないし、みんなお参りにきてくれはるやろ。あれ、みんなわてを見にきよんねん——

つまりは、そういうことなのだろうか。実際は、放蕩の限りを尽くしてできた吉本への膨大な借金のために、墓も作れなかったということなのだろうが……。

春團治亡き後、上方落語は衰退し「滅んだ」とされた時期もあったが、今や完全に復活し、現在二〇九名の噺家が高座を勤めている。

粉々に砕かれて骨仏になった自身の骨のようなもので、今でもそれぞれの噺家たちの中に、春團治を感じることはできる。そう考えればさっぱりきれいで、湿っぽいことが嫌いだった春團治らしいということなのか。見事な肩透かしの下げであると、思うほかない。

なかなか納骨堂の前から立ち去ることができないでいたが、思いが切れないまま、私は一心寺を後にした。

——驚きよったやろ。ああ、おもろかった——

京都鴨川から春團治の愉快な声が聞こえてきそうな、陽気な昼下がりである。

参考・引用文献

「鹿のかげ筆」 花柳芳兵衛 白川書院

「桂春団治 はなしの世界」 豊田善敬編 東方出版

「桂春団治」 富士正晴 講談社文芸文庫

「寄席楽屋事典」 花月亭九里丸 東方出版

「すかたん名物男」 花月亭九里丸 新生プロダクション

「あかんたれ一代」 井上友一郎 新国民出版社

「初代桂春団治落語集」 東使英夫編 講談社

「上方はなし」下巻 五代目笑福亭松鶴編 三一書房

「上方芸能」 三田純一 三一書房

「桂米朝集成」 全四巻 桂米朝 岩波書店

「笑いをつくる」 澤田隆治 ＮＨＫライブラリー

「二代目さん」 河本寿栄 青蛙房

「六世笑福亭松鶴はなし」 戸田学編 岩波書店

「仁鶴の落語」 笑福亭仁鶴 講談社

「仁鶴の鼻ちょうちん」 笑福亭仁鶴 六月社書房

「桂枝雀のらくご案内」 桂枝雀 ちくま文庫

「落語と私」 桂米朝 文春文庫

「ちくま日本文学全集54」 織田作之助 筑摩書房

「棋神・阪田三吉」 中村浩 小学館文庫

あとがき

第一章「異形の系譜」のターザン姉妹については、当初、発見できないまま新聞記事をもとに当時の障害者に対する偏見を軸に書くことになるだろう、と思いながら取材地に向った。ところが鹿児島へ出向くと、人類学や遺伝学の権威であった大学教授、現天皇の話までが出てきたのには予想外で、とても戸惑ったことを覚えている。

私はもともと高校生の頃からボランティアとして障害者に関わってきたこともあり、ターザン姉妹の新聞記事とは関係なく障害者問題には興味をもっていた。例えば、第四章「クリオネの記」の主人公である西本有希と私は、実は高校時代からの付き合いで、彼女の場合はセクハラ被害を受けていたこともあり社会問題として書くことができた。

しかし、ターザン姉妹の場合は取材するにつれ、人権的な視点よりも、その事実関係の方に主題が移っていくという、それこそ特殊な経緯があり、それをそのまま書くことにした。

溝口和洋はその後、教えていたやり投げ日本記録保持者である三宅貴子さんと結婚、郷里の和歌山で暮らしている。一昨年、溝口から初めて年賀状がきた。恐らくは貴子夫人のはからいであろうが、「あの溝口」が、年賀状を出すような生活をしているのだなと、しばらく感慨をもって年賀状を手にとった。私だけがいまだ「世界新の夢」から覚めていないのかもしれない。

劇画家の平田弘史とはその後、お会いしていないが、難聴が進んでいる以外はお元気そうで、その様子はご本人のホームページで見ることができる。その達筆さから請われて「揮毫会」を催したりもしているようだ。

ファイヤー・ヨーコが関東の劇場に来るときは、今もできるだけ劇場に足を運ぶようにしている。ストリップ界は相変わらず不景気だが、彼女はその博覧強記ぶりを発揮して、旅回りの合間に月刊誌などで社会問題を執筆している。先日久しぶりに会って簡単な食事をしたときは「もう年内で引退する」と話していたが、大阪から沖縄に居を移し、また東京に移ったりと、相変わらず日本中あちこちを飛びまわっている。

最終章の「皮田藤吉伝」だけは、本書のための書き下ろしである。また、一部を仮名とした。

本書は、月刊誌に発表した短編を主に収めた。大筋の内容は発表当時とあまり変わっていない。古いものでは一〇年ほど前に書いたものも含まれているため、現在とは多少、時代的なズレがあるかもしれない。

こうしてまとめてみるとよくわかるのだが、ここに収めたテーマの半分は各編集部から示唆を受けたもので、私のオリジナルな発想は半分ほどである。私はただ編集者から提案してもらったテーマについて、一心不乱に取り組んだだけであった。

それぞれの取材でお世話になったのは、ミリオン出版の比嘉健二氏、中園努氏、小塩隆之氏、日笠功雄氏。日刊ゲンダイ大阪の西埜隆文氏。新潮社の週刊新潮編集部部長の中瀬ゆかり氏、「新潮45」編集長の宮本太一氏。また本書を編むにあたっては、新潮新書の後藤裕二編集長、同部で編集担当の丸山秀樹氏のお世話になりました。

最後に、話を聞かせていただいた方々に感謝します。

上原善広　1973（昭和48）年大阪府生まれ。『日本の路地を旅する』で第41回大宅壮一ノンフィクション賞を受賞。著書に『被差別の食卓』『聖路加病院 訪問看護科』『コリアン部落』などがある。

Ⓢ新潮新書

387

異形《いぎょう》の日本人《にほんじん》

著　者　上原善広《うえはらよしひろ》

2010年9月20日　発行
2010年12月10日　4刷

発行者　佐藤隆信
発行所　株式会社新潮社
〒162-8711　東京都新宿区矢来町71番地
編集部(03)3266-5430　読者係(03)3266-5111
http://www.shinchosha.co.jp

印刷所　二光印刷株式会社
製本所　株式会社植木製本所

ISBN978-4-10-610387-2　C0239

価格はカバーに表示してあります。